Traducción - Publicado por:
Heir Media Corp.
Wilmington, NC, USA

ISBN-13: 979-8-9859254-3-2

 Impreso en EE. UU.

Actos Inteligentes

Libro de
Evelyn Williams English

Contenidos

Dedicación

Dedico este libro en amorosa memoria de mis padres, Johnnie Williams, Jr., y Jettie Ball Williams. Mis padres sabían que una educación adecuada inculca la capacidad de razonar lógicamente, comunicarse eficazmente y resolver problemas eficientemente. **Ustedes fueron mis primeros maestros.**

Dedico este libro con sincero agradecimiento a mis talentosos, inquisitivos y hermanos cariñosos. Ustedes fueron mis primeros estudiantes.

Dedico este libro en eterna gratitud a mis hijos, Brandon, Natasha (mi yerna), Taunya y Gordon (mi yerno), por ser bendiciones preciosas enviadas desde lo alto. **Brandon y Taunya, fueron mi primera asignación de enseñanza las 24 horas del día, los 7 días de la semana.** Gracias por hacerme mejor.

Dedico este libro a mis nietos, Jailen, Alexis, Julian y Ayden, por permitirme revivir la alegría que sentí como padre. Amo enseñar y enseño con amor. Ustedes fueron mi primer portal a la generación milenial.

Dedico este libro a mis estudiantes, mentores, colegas y a todos los educadores de primera línea en los Estados Unidos (especialmente en Oklahoma), Europa y en todo el mundo. **Ustedes son mi primera familia extendida.**

Dedico este libro a todos los padres, padrastros, abuelos, tutores y educadores profesionales que están leyendo este libro para construir las mentes de los niños. Ustedes son mi primera inspiración para "Actos Inteligentes" (en inglés se traduce como Brainy Acts[TM]).

Estoy en deuda con todos ustedes.

Evelyn Williams English

Nuestra Misión y Visión

La misión de "Florece la Alfabetización" (en inglés se traduce como Literacy Blooms) es apoyar el aprendizaje multigeneracional al asociarse con los miembros de la familia en la enseñanza de: la lectura, escritura, escucha, habla y juego para promover el desarrollo del lenguaje.

El regalo de la alfabetización y el lenguaje promueve la alegría y la facilidad de aprendizaje. Los padres y las familias son los primeros maestros de un niño aprendiz. Las familias que juegan, hablan, leen y cantan con sus hijos fomentan el desarrollo de la alfabetización y la preparación del lenguaje para el éxito.

"Florece la Alfabetización" cree que las familias comprometidas, donde los padres interactúan decididamente con sus hijos, crean vías de construcción cerebral que fomentan el desarrollo cognitivo y promueven oportunidades para un aprendizaje fundamental y perdurable.

Prefacio

Los niños son preciosos. Sus alegría, sus visión de la vida y sus capacidad para transportarte de nuevo a tu juventud, como si vieras ciertas cosas por primera vez, es simplemente preciosa. Los niños también son preciosos porque su tiempo como niños pasa volando.

Los expertos en el desarrollo infantil suelen hacer referencia a la importancia de los "años formativos" (años 0-8) y cómo las grandes experiencias de la infancia impactan en el desarrollo del cerebro. Los expertos utilizan el término "años formativos"; sin embargo, puedo decirte como padre que se sintieron más como "meses formativos" o "semanas formativas" porque pasaron tan rápido. Según el Dr. Ronald F. Ferguson, autor de "La Fórmula", el cerebro humano ha completado el 80% de su crecimiento para cuando una persona promedio alcanza los 3 años de edad. Este es el momento en el que las personas desarrollan la mayoría de su capacidad para pensar y aprender.

Aunque mis hijos ahora son adultos, recuerdo las preocupaciones y la ansiedad que tenía como un padre joven de niños pequeños. Mi experiencia como educador profesional me proporcionó una ventana que mostraba a los niños que habían sido preparados para tener éxito en la vida y aquellos que permanecerían desprevenidos. Como padre, sabía que solo tenía una oportunidad para criar correctamente a mis hijos. Afortunadamente, con la ayuda de un gran grupo de personas, lo conseguí y mis hijos tuvieron éxito en todo lo necesario en esta vida. Ahora, me gustaría transmitirte algo de sabiduría y métodos para ayudarte a impactar en el aprendizaje y desarrollo de un niño.

Ya seas padre, padrastro, abuelo, educador, instructor para padres/maestros, o simplemente alguien que disfruta estar cerca de los niños, tienes una oportunidad única para aprovechar el tiempo precioso y desarrollar sus mentes y expandir su potencial. "Actos Inteligentes" se centra en el desarrollo completo de las habilidades emocionales, intuitivas y cognitivas de un niño. Puedes disfrutar de estas actividades en un apartamento, una casa, en la fila del supermercado o incluso en una clase.

Lamento añadir más a tu carga, pero debo ser minuciosa. No es suficiente enseñar a un niño a pensar, también hay que enseñarle a reflexionar sobre cómo piensan. El término es "metacognición". A menudo hablamos de estar demasiado metidos en nuestras propias cabezas, pero las personas exitosas están en sintonía con sus fortalezas y debilidades, sus emociones y actitudes, y las cosas que agotan y restauran su energía. "Actos Inteligentes" te ayudará a construir mentes más fuertes que triunfen. Este curso también te desafiará a reflexionar sobre tu propio pensamiento en el camino.

Disfruta del viaje de enseñanza con tu(s) niño(s) aprendiz(ces). Es igualmente precioso.

Evelyn Williams English

Capítulo 1: Introducción

Construye una Mente que Triunfa

"El cerebro es más ancho que el cielo." – Emily Dickinson

El cerebro florece cuando los padres y las familias multigeneracionales interactúan, aprenden y se enseñan mutuamente. La verdadera educación es relacional. De niña, apreciaba mucho el tiempo que pasaba con mi abuela. Ella no solo me transmitía sabiduría, sino que validaba mi importancia respondiendo a cada una de mis preguntas. En una ocasión, le pregunté a mi abuela por qué tenía cuatro nombres: Nancy, Anne, Savannah y Elizabeth. Ella me dijo que su madre tenía cuatro empleadores y que informó a cada uno de ellos sobre su embarazo. Los empleadores de mi bisabuela solicitaron que su hija llevara sus nombres si daba a luz a una niña. Estas historias, como muchas fábulas antiguas, me enseñaron habilidades de pensamiento crítico y resolución de problemas. ¿Cómo respondería yo si cuatro empleadores diferentes me pidieran que nombrara a mi hijo después de ellos? ¿Otras personas tienen una historia sobre el origen de sus nombres? ¿Cómo obtuve yo mi nombre? Escuché, evalué, analicé y me relacioné con los personajes de cada historia sin saber que mi abuela me enseñó en un tipo de clase diferente. Yo estaba aprendiendo. Ella me ayudó a construir mi cerebro.

Como sugiere la cita de Emily Dickinson, el cerebro es ilimitado. El cielo está limitado a la atmósfera terrestre, pero la mente humana procesa como una computadora mientras tiene la capacidad de controlar un cuerpo que puede realizar todo tipo de hazañas asombrosas.

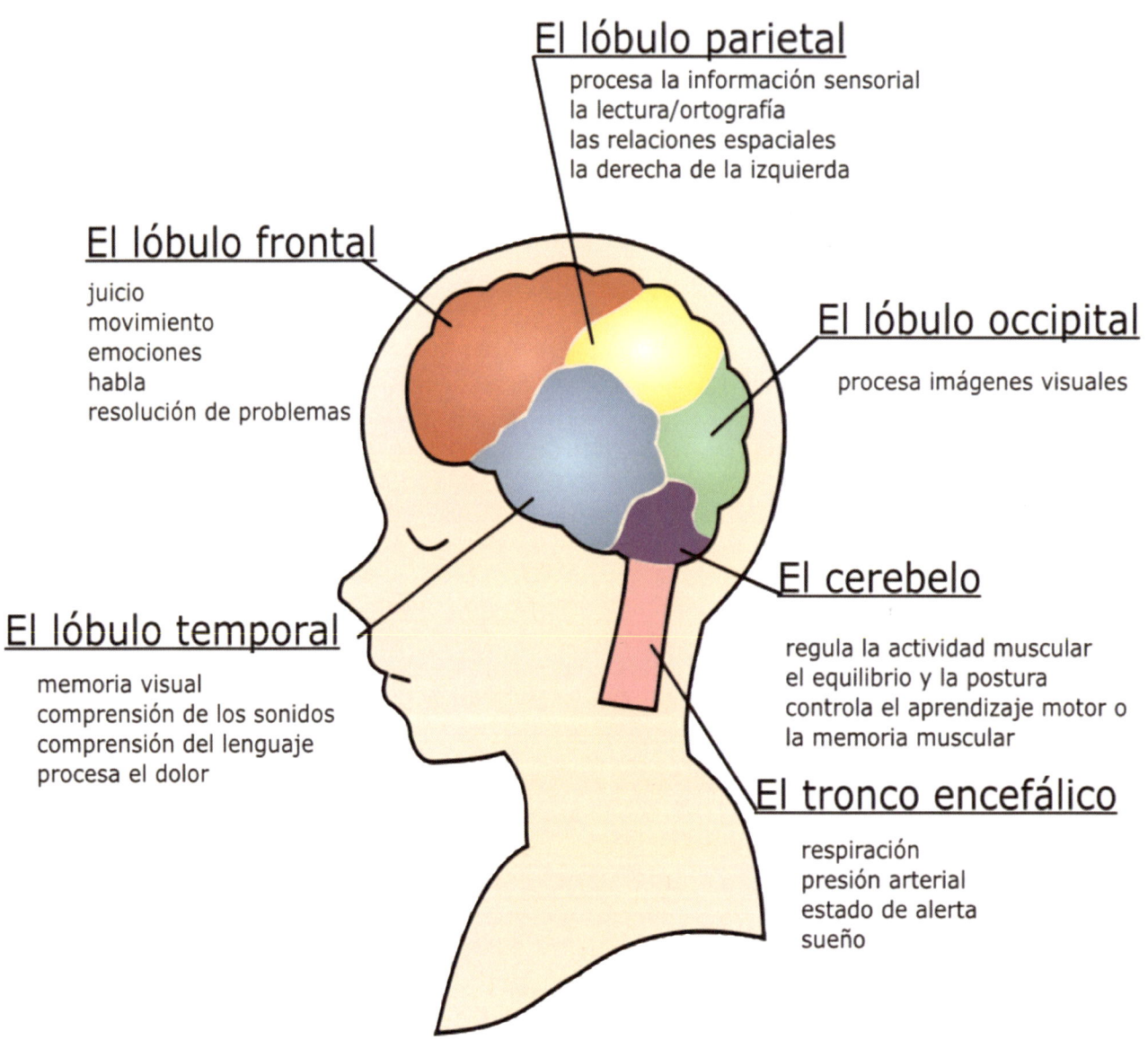

El lóbulo parietal
procesa la información sensorial
la lectura/ortografía
las relaciones espaciales
la derecha de la izquierda

El lóbulo frontal
juicio
movimiento
emociones
habla
resolución de problemas

El lóbulo occipital
procesa imágenes visuales

El lóbulo temporal
memoria visual
comprensión de los sonidos
comprensión del lenguaje
procesa el dolor

El cerebelo
regula la actividad muscular
el equilibrio y la postura
controla el aprendizaje motor o
la memoria muscular

El tronco encefálico
respiración
presión arterial
estado de alerta
sueño

Hay varias partes del cerebro: el lóbulo frontal, lóbulo parietal, lóbulo occipital, lóbulo temporal y tronco cerebral. Cada parte del cerebro controla diversas funciones para el control del pensamiento, movimiento corporal, emociones y sistemas corporales.

En este plan de estudios, he identificado 12 funciones significativas que controla el cerebro y sobre las cuales los padres y educadores deben centrarse para garantizar un desarrollo exitoso en la primera infancia y la probabilidad de éxito y plenitud en el futuro. Así como un jardinero atiende su jardín y riega y poda las plantas con diligencia, un padre debe prestar igual atención a las doce facetas del cerebro del niño aprendiz:

- El Cerebro Vocal
- El Cerebro Literario
- El Cerebro Escritor
- El Cerebro Artístico
- El Cerebro Gerencial
- El Cerebro Emocionalmente Inteligente
- El Cerebro Inquisitivo
- El Cerebro Crítico
- El Cerebro Diagnóstico
- El Cerebro Innovador
- El Cerebro Estratégico
- Y El Cerebro Atlético.

Un niño bien equilibrado se convierte en un adulto bien equilibrado si, y solo si, desarrolla todos estos cerebros sin descuidar ninguna área. ¿Cuántas veces has notado a personas que tuvieron una introducción temprana a un instrumento musical experimentar un tremendo éxito con ese instrumento más tarde en la vida? El individuo puede destacarse musicalmente mientras carece de habilidades fundamentales en otras áreas importantes. En muchos casos, encontramos excelentes padres que atendieron las necesidades de sus hijos, los amaron y les brindaron una infancia maravillosa pero no los prepararon para tener éxito en la vida. Llenaron las mentes de sus hijos con grandes recuerdos en lugar de construir mentes para el éxito y el logro.

¡Educa mentes, no memorias!

Facetas de la Mente

El Cerebro Vocal

¿Has notado que algunas personas simplemente parecen saber qué decir? Hay personas ingeniosas, elocuentes y que tienen un camino más corto entre su cerebro y su boca. Mientras que otros tienen que pensar mucho para encontrar sus palabras, estos individuos tienen el don de la palabra. Hay algunos niños que simplemente son etiquetados erróneamente como "habladores", cuando de hecho tienen un coeficiente intelectual alto que los impulsa a expresarse. "Actos Inteligentes" te ayudará a desarrollar habilidades de pensamiento, mejorar la articulación y aumentar el vocabulario en tu niño aprendiz.

El Cerebro Literario

¿Te has dado cuenta de que algunas personas tienen un don para la lectura? No solo es su estilo preferido para aprender, sino que realmente disfrutan leer. Algunos leen más rápido, comprenden más profundamente e incluso logran teleportarse dentro del material de lectura debido a sus habilidades de alfabetización más desarrolladas. Tienen poderes cerebrales únicos. La alfabetización no solo se aplica a la capacidad de leer y entender el idioma español; se extiende a la capacidad de descifrar y comprender símbolos. Un niño de dos años quizás no tenga la capacidad de leer a Shakespeare, pero el hecho de que reconozca la M dorada en un cartel de restaurante y pida papas fritas demuestra que posee algún nivel de alfabetización. "Actos Inteligentes" desarrolla habilidades de pensamiento que mejorarán la alfabetización y comprensión de tu niño aprendiz.

El Cerebro Escritor

¿Alguna vez has notado que hay personas que no se cansan de escribir? El profesor pide un ensayo de una página, y ellos escriben tres. Escriben en diarios por diversión y llenan varios de ellos. ¿Tienes personas en tu vida que escriben publicaciones largas en las redes sociales o envían mensajes de texto detallados? Quizás tú seas uno de ellos. ¿Hacías la escritura para las tareas grupales en clase o proyectos en la oficina? ¿O eres de los que hace todo lo posible para evitar escribir? Los que no escriben a menudo son reacios a escribir porque no han escrito lo suficiente para desarrollar su cerebro escritor. Sin querer asustar, pero ¿quieres que tu niño aprendiz tenga miedo de escribir? En algún momento, cada persona debe responder una pregunta en un examen, completar una solicitud de empleo o incluso redactar un informe para un trabajo. Hay una inteligencia especial que viene con la escritura que debe ser desarrollada y fomentada desde una edad temprana. "Actos Inteligentes" te ayudará a desarrollar habilidades de pensamiento y vocabulario que mejorarán la articulación y expresión de tu niño aprendiz. Queremos que tu niño aprendiz sea un escritor fluido.

El Cerebro Artístico

¿Has notado que algunas personas tienen un don para la pintura, el canto, la actuación o alguna otra área en las artes creativas? El don puede ser parcialmente genético, pero sin un desarrollo real, no se llega a nada. Estas personas no son simplemente talentosas. Sus cerebros poseen la capacidad de imaginar cosas que otros no ven fácilmente. En muchos casos, no solo tienen la habilidad de imaginar estas cosas, sino también la capacidad de expresar sus visiones a través de un medio artístico concreto. "Actos Inteligentes" desarrollará habilidades de pensamiento que ayudarán a tu niño aprendiz a ser más artístico.

El Cerebro Gerencial

¿Has notado que algunas personas logran mantenerse organizadas con poco esfuerzo? Las toallas de sus casas están perfectamente dobladas. Sus coches siempre están libres de desorden. Sus atuendos siempre están sin arrugas y limpios. No solo parecen organizados, sino que están organizados. Siempre llegan a tiempo, si no antes, y logran cumplir con lo que tienen en su lista. Tal vez seas uno de ellos. Quizás fuiste uno de los niños en la escuela que mantenía un cuaderno limpio y la gente predecía que te convertirías en maestro. ¿O eres de los que tienen que ser intencionales y esforzarse más para ser organizados? Las personas a menudo etiquetan erróneamente a las personas desorganizadas como individuos perezosos que carecen de enfoque cuando, en realidad, generalmente son personas que no han desarrollado el cerebro gerencial. "Actos Inteligentes" te ayudará a desarrollar habilidades de pensamiento que pueden mejorar las habilidades organizativas de tu niño aprendiz.

El Cerebro Emocionalmente Inteligente

¿Has notado que algunas personas son imanes humanos? Tienen el carisma que atrae a las personas para convertirse en sus seguidores, o quizás tienen un corazón cálido que hace que las personas los busquen para consejo y orientación. No solo tienen la habilidad de leer y entender a los demás, sino que tienen la capacidad de afectar las emociones de los demás. Tienen el poder de calmar a las personas o hacerlas molestar, dependiendo de si usan sus habilidades para el bien o para el mal. Quizás tú seas uno de ellos. Tal vez eras el niño en la escuela al que otras personas se abrían y aún tienes ese don hasta el día de hoy. O quizás eres una persona que tiene dificultades para controlar tus propias emociones, y mucho menos entender a otras personas. ¿Tienes que dedicar más tiempo a tratar de escuchar y tratar de entender a las personas? La Inteligencia Emocional no es simplemente una cuestión de aguantar a las personas y su drama. No se trata simplemente de ser una "persona sociable". Esta es una habilidad real que debe ser desarrollada. "Actos Inteligentes" te ayudará a desarrollar habilidades de pensamiento que mejorarán la inteligencia emocional de tu niño aprendiz para estar en sintonía con sus sentimientos y los de los demás.

El Cerebro Inquisitivo

¿Alguna vez has conocido a alguien que siempre hace la pregunta correcta? Hay ese momento después de que el jefe habla o un momento durante la clase en el que todo está abierto para preguntas. Mientras que la mitad de las personas no tienen ninguna pregunta y solo quieren irse, y la mayoría de la otra mitad tiene preguntas pero teme sonar estúpido, estas personas formulan la pregunta perfecta que revela una respuesta muy necesaria. Ya sea que expongan al orador como no preparado adecuadamente o empujen al orador a un nivel superior para proporcionar la respuesta. Quizás tú seas esa persona y las preguntas surgen naturalmente en tu mente. Incluso cuando alguien responde a una pregunta, tienes otra lista en espera. Te frustra al ver entrevistas cuando el periodista no hace buenas preguntas o pierde la oportunidad de hacer la pregunta correcta durante un debate presidencial. O quizás seas una persona que no es particularmente curiosa o necesitada de respuestas. Las preguntas siempre vinieron con exámenes y problemas. Las personas no estaban dispuestas a responder tus preguntas, o no te animaban a hacer preguntas, así que no eres curioso. Crees que lo que ves es lo que obtienes, y las preguntas a menudo no son más que simplemente hablar. La mente inquisitiva es una mente que alimenta su curiosidad. Al igual que los solucionadores de problemas que son adictos a los rompecabezas y los atletas que experimentan emociones eufóricas por la competencia, la persona inquisitiva encuentra satisfacción en obtener respuestas. La persona inquisitiva analiza la información que se le proporciona y encuentra vacíos (como el pensador crítico) y exige respuestas. "Actos Inteligentes" ayudará a desarrollar habilidades de pensamiento inquisitivo en tu niño aprendiz.

El Cerebro Crítico

¿Alguna vez has notado que algunas personas siempre pueden encontrar algo que criticar? Les preguntas, "¿Qué te pareció la película?" y esperas su respuesta. Incluso si fue la mejor película que hayan visto y se rieron durante toda la película, aún te dirán las cosas buenas y los defectos en la película. A menudo parecen ser personas negativas, cuando en realidad, realmente ven defectos y se sienten obligados a decir la verdad. Una persona con un cerebro crítico es un pensador independiente y no seguirá a la multitud. Incluso debatirán con personas que estén de acuerdo con ellos. Pueden estar en el mismo partido político y apoyar al mismo candidato, pero la persona crítica aún afirmará que apoya al candidato por razones diferentes. O quizás seas una persona que ve más similitudes que diferencias o siente que no necesita comparar o contrastar. Esto parece una carga o un ejercicio innecesario. Prefieres ver el juego en lugar de escuchar el comentario o quieres saber qué hizo el presidente en un día cualquiera en lugar de escuchar las diferentes opiniones sobre si fue algo bueno o malo. Las personas con un cerebro de pensamiento crítico alimentan constantemente este cerebro haciendo análisis tras análisis y escuchando análisis tras análisis. Son aquellos que disfrutan escuchando el comentario, entreteniendo diferentes puntos de vista y luego criticando a otros críticos. Aunque los críticos a menudo son vistos como individuos negativos, no habría innovación a menos que las personas identificaran los defectos en las condiciones existentes y trabajaran hacia la mejora. "Actos Inteligentes" ayudará a desarrollar habilidades de pensamiento crítico y pensamiento independiente en tu niño aprendiz.

El Cerebro Diagnosticador

¿Has notado que algunas personas son solucionadores de problemas naturales? Disfrutan de los rompecabezas y los desafíos que presentan trabajo para otros. Quieren arreglar algo que está roto, mientras que cualquier otra persona compraría fácilmente uno nuevo. Al dar consejos, estas personas están más interesadas en resolver el problema que en escuchar sobre el estado emocional de la persona con el problema. Quizás tú seas uno de ellos. Tal vez eras el niño que disfrutaba de los misterios y programas de detectives. En realidad, intentabas resolver misterios mientras veías el programa en lugar de simplemente esperar a que se revelara la respuesta al final. O quizás ves los problemas como obstáculos o tareas que no aportan ninguna alegría. Los solucionadores de problemas suelen ser vistos como cerebritos o simplemente personas dotadas cuando, en realidad, son personas que han desarrollado la capacidad de analizar y encontrar respuestas. "Actos Inteligentes" ayudará a desarrollar habilidades de pensamiento que mejorarán la capacidad de tu niño aprendiz para resolver problemas.

El Cerebro Innovador

¿Has notado que algunas personas parecen inventar cosas con facilidad? No solo tienen un cerebro diagnóstico para resolver problemas, sino que crean cosas. En lugar de seguir la receta o comer el plato del menú como está previsto, añaden nuevos ingredientes. Algunos tipos innovadores inventan y crean cosas porque no están satisfechos con un producto o equipo existente. Quizás seas el tipo de persona que encuentra más satisfacción en desmontar un producto y reconstruirlo de una manera mejor. O tal vez seas el tipo de persona que no tiene interés en agregar nuevos productos o tecnología al mundo. Los ingenieros e inventores del mundo desarrollaron su mente innovadora y sed de cambio a través de tácticas de construcción cerebral intencionales. "Actos Inteligentes" ayudará a desarrollar habilidades de pensamiento que mejorarán la capacidad de tu niño aprendiz no solo para resolver problemas, sino para resolverlos con innovación práctica.

El Cerebro Estratégico

¿Alguna vez has notado que algunas personas prosperan en la competencia? Se sienten vivas al debatir un tema político o una creencia religiosa. Una persona estratégica rápidamente ideará un plan para ganar en situaciones que a otros les lleva un poco más de tiempo. Cuando eran niños, eran buenos en los juegos y a menudo permanecían más interesados en el camino hacia la victoria o la derrota que en el tiempo real que pasaban jugando con otros niños. Quizás seas una de estas personas y después de cualquier competencia, te enfocas más en cómo ocurrió la victoria más que en los individuos que jugaron. O tal vez seas el tipo de persona que no disfruta de la competencia. En tu mente, la competencia saca lo peor de las personas y solo es una fuente de conflicto. Las personas estratégicas del mundo constantemente construyen sus cerebros estudiando técnicas y tácticas que llevan a la victoria y la derrota. "Actos Inteligentes" ayudará a desarrollar habilidades de pensamiento que mejorarán la capacidad de tu niño aprendiz para idear estrategias, vencer a la competencia y superar los desafíos.

El Cerebro Atlético

¿Alguna vez has notado que algunas personas no parecen estar vivas a menos que estén jugando un deporte o hablando de uno? Descifran un juego o partido como si estuvieran discutiendo una gran batalla militar histórica. No solo tienen una mente estratégica, sino una mente obsesionada con el deporte. La sociedad a menudo estigmatiza a los atletas con el estereotipo del "atleta tonto" a pesar de que tienen mentes brillantes en una disciplina diferente. El atleta empuja su cuerpo más allá de los límites conocidos por la mayoría de las personas para controlar su cuerpo y realizar hazañas físicas increíbles en una competencia mientras se comunica con sus compañeros de equipo. Quizás fuiste un atleta talentoso en un deporte en particular. Conoces el nivel de preparación mental y física que se requiere para competir y ejecutar un tiro, una tacleada, un jonrón o ganar una medalla de oro. O tal vez seas el tipo de persona que no puede entender la fascinación por los deportes y las competiciones deportivas. Los mejores atletas del mundo, la mayoría de las veces, tuvieron padres y mentores que formaron sus mentes para los deportes durante sus años formativos. "Actos Inteligentes" ayudará a desarrollar habilidades de pensamiento que mejorarán la capacidad de tu niño aprendiz infantil para competir dentro y fuera del campo, la cancha de baloncesto, la pista, la piscina, el diamante de béisbol, el campo de fútbol y cualquier otro ámbito atlético.

Desarrollo Cerebral: Proficiencia y Deficiencia

A menudo etiquetamos a algunos estudiantes como dotados y talentosos simplemente porque desarrollan habilidades de pensamiento en una de las categorías mencionadas anteriormente que superan al estudiante promedio. El estudiante que sobresale en matemáticas o arte se considera dotado y talentoso. Incluso los educadores se refieren a un lector en nivel de grado como **competente** y a un lector por debajo del nivel de grado como **deficiente**. Algunos estudiantes se desempeñan bien en ciertas disciplinas en parte debido a **rasgos genéticos naturales** que se transmiten en sus familias, mientras que otros sobresalen debido a la exposición y la práctica.

¿Alguna vez has notado que los padres que son talentosos en música tienden a criar hijos que también son talentosos en música? Esto se debe en parte a la genética, pero también parcialmente al hecho de que las personas con inclinación musical tienden a enseñar a sus hijos a valorar la música desde una edad temprana y a fomentar el desarrollo cerebral musical. Los padres, al igual que los educadores, a menudo enseñan desde sus fortalezas y evitan sus debilidades. Por ejemplo, un padre que expone a su hijo a la música puede tener deficiencias en ciencia y matemáticas. A menos que ese padre tome medidas activas para aprender ciencia o matemáticas o para colocar a su hijo cerca de científicos y matemáticos, su hijo perderá tiempo valioso para construir un cerebro competente en ciencia y matemáticas. **Solo con mirar el índice, ya identificaste qué capítulos de este libro serán divertidos y cuáles preferirías saltar. Los temas que prefieres omitir identifican las debilidades que debes superar para apoyar el aprendizaje de tu hijo.**

¿Has notado que algunas personas tienen talento en múltiples áreas? Es posible que hayas revisado los diferentes tipos de cerebros y descubierto que eres competente en varias áreas. Esto se debe en gran parte a tu exposición a actividades cerebrales que te permitieron desarrollar diferentes habilidades. Al igual que un entrenador cruzado que desarrolla diferentes partes del cuerpo en un solo entrenamiento, puedes entrenar cruzado y desarrollar diferentes habilidades cerebrales. Un niño que escribe ficción construye su cerebro tanto para escribir como para la creatividad artística simultáneamente. Un niño que escribe sobre avances médicos desarrolla su cerebro tanto para escribir como para resolver problemas. Piensa en el atleta que también es un gran líder empresarial o en la actriz que también tiene un libro de cocina. "Actos Inteligentes" te proporcionará diferentes actividades de entrenamiento cruzado para maximizar tu tiempo y construir el cerebro de tu niño aprendiz en diferentes áreas.

Aunque no tenía un título avanzado, mi padre valoraba la educación. Recuerdo que lo llevaba a Curtis, mi hermano de 5 años, a sus clases de alfabetización para adultos. Es crucial que tengamos el corazón puesto en brindar a la próxima generación más de lo que nosotros tuvimos. Necesitamos que los niños aborden problemas más grandes en el futuro que nos espera. Me adhiero a los principios promovidos por John Dewey, a menudo llamado "El Padre del Progresismo", en el sentido de que deberíamos educar al "niño completo". Hay un valor en el aprendizaje mecánico y en enseñar fundamentos académicos; sin embargo, hay una obligación moral de equipar a los líderes del mañana con inteligencia emocional, creatividad, ingenio y responsabilidad cívica también. Parafraseando al teórico educativo y autor, John Dewey, "¡Educamos mentes, no solo memorias!" Los educadores construyen cerebros, no máquinas ni computadoras. No lavamos el cerebro, no adoctrinamos ni manipulamos, sino que equipamos y empoderamos a nuestros hijos para que definan su éxito y luego triunfen en él.

Evitando la Fugas Cerebrales

Jorge Bendiciones, un empresario, se había encariñado especialmente con un traje, aunque el traje había desarrollado algo de desgaste con el paso de los años. El forro del bolsillo de sus pantalones se hizo más delgado con el tiempo. En un día en particular, Jorge dejó caer las llaves de su auto en sus bolsillos, y el borde de las llaves perforó un agujero. El empresario siguió apegado al traje a pesar de que el agujero creció gradualmente hasta el punto de que toda su mano podía pasar por su bolsillo derecho de los pantalones. Jorge razonó que podía poner objetos en el bolsillo izquierdo de los pantalones, por lo que no había necesidad de desechar un "buen traje". Un día ventoso después de salir de su auto, Jorge olvidó el agujero en su bolsillo y colocó las llaves de su auto en el bolsillo derecho de los pantalones. Cuando la cadena fría de llaves descendió por su pierna y rebotó en sus zapatos, Jorge se dio cuenta de su error. Las llaves cayeron en una alcantarilla, nunca vistas de nuevo, y Jorge se quedó atrapado.

Jorge no logró arreglar el agujero en su bolsillo y perdió sus llaves. Al igual que Jorge, hay muchas personas que tienen agujeros en sus vidas y en su pensamiento que deben ser reparados. Si esos agujeros no se reparan, a menudo encuentran que las cosas que más aman se caen por el desagüe.

Debes reparar los agujeros dentro de la vida de tu estudiante, de lo contrario, las llaves que le das caerán en uno de los siguientes desagües cerebrales:

1.   **Falta de estimulación:** Los niños necesitan ser desafiados. Si un niño pasa demasiado tiempo viendo televisión o mirando otras pantallas, eventualmente pierde interés en aprender cosas nuevas.

2.   **Falta de apoyo:** Los niños necesitan apoyo. Un niño que tiene ganas de aprender, pero teme hacer preguntas pronto se verá desprovisto de su entusiasmo. A menudo, los maestros se frustran cuando un niño sobresale en la clase pero no recibe ayuda con la tarea. Cualquier esfuerzo por construir el cerebro se agota rápidamente sin apoyo en el hogar.

3.   **Trauma:** La tasa de suicidio en niños pequeños está en aumento. Según el SAVE, por sus siglas en inglés [Voces de Conciencia sobre el Suicidio en la Educación], 1 de cada 100,000 niños de 10 a 14 años mueren por suicidio cada año. Según el CDC, por sus siglas en inglés [Centros para el Control y la Prevención de Enfermedades], el suicidio sigue siendo la segunda causa principal de muerte para niños de 10 a 18 años. Nuestros niños enfrentan abuso físico, abuso emocional, acoso escolar, dismorfia corporal y ansiedad en general debido al conflicto y la violencia que ven en las noticias a diario. Es difícil desarrollar el cerebro de un niño que sufre de traumas no abordados. Esta es una fuga de cerebros que debe ser tratada mediante asesoramiento y tratamiento para asegurar un crecimiento y desarrollo adecuados.

4.   **Nutrición inadecuada:** Las escuelas en todo el país han llegado a reconocer el impacto de la inseguridad alimentaria en los programas académicos. Muchos de nuestros sistemas escolares proporcionan el

desayuno y el almuerzo del 70% al 100% de sus estudiantes debido al impacto de la desnutrición en su rendimiento académico. Es extremadamente difícil enseñar a un niño hambriento. La desnutrición es una fuga de cerebros que debe ser abordada para que nuestros estudiantes maximicen el desarrollo cerebral. Si necesita ayuda adicional con comida, ropa y alojamiento, comuníquese con las agencias gubernamentales locales y estatales de inmediato.

5.   **Sueño inadecuado:** Los niños necesitan más horas de sueño que los adultos para el desarrollo del cerebro. Debido a los entornos familiares y al uso excesivo de teléfonos móviles y tabletas, los niños suelen dormir menos horas y rinden peor en la escuela. Esta es una fuga de energía cerebral que debe abordarse con horarios de sueño consistentes y asegurando la responsabilidad. Es posible que tengas que abrir la puerta o asomarte a la habitación para asegurarte de que tu niño aprendiz no esté jugando o charlando después de la hora permitida. Si eres abuelo o maestro, puede que tengas que revisar el patrón de sueño y la vida en casa de tu niño aprendiz.

6.   **Baja autoestima:** Peggy O'Mara, una exeditora y editora de la Revista Maternal (Mothering Magazine, en inglés), una vez dijo: "La forma en que hablamos con nuestros hijos se convierte en su voz interna". Todos estamos familiarizados con al menos una historia de celebridad en la que una persona talentosa alcanzó la fama solo para desplomarse debido a la baja autoestima y el uso de drogas. Los "Actos Inteligentes" son inútiles a menos que colmes a tu(s) estudiante(s) de elogios y amor.

7.   **Malas Influencias:** Los estudios muestran que la población de reclusos en prisión tiene un coeficiente intelectual más alto que la población general, mientras que se identifica que la población carcelaria a menudo presenta una mayor tasa de discapacidades de aprendizaje. Un niño expuesto al crimen imita malos modelos de conducta. Ese niño tiene más probabilidades de convertirse en víctima de un delito y de cometer uno. El crimen es una fuga de cerebros. El crimen tiene un costo en términos de honorarios legales, reducción de oportunidades laborales y expectativa de vida.

8.   **Sobrestimulación:** Hay niños que sufren de Trastorno por Déficit de Atención e Hiperactividad (ADHD por sus siglas en inglés) y necesitan asesoramiento y medicación para ayudarles a concentrarse. Sin embargo, también existe una gran población de niños que no tienen ADHD, pero que simplemente están sobrestimulados y no han sido adecuadamente preparados para sentarse quietos, concentrarse y aprender. En mis observaciones personales, he notado que los niños que ingresan al jardín de infancia a menudo están en desventaja, no porque las niñas maduren más rápido, sino porque a las niñas se les ha enseñado a sentarse quietas, leer y jugar con manualidades. A los niños a menudo se les anima a jugar deportes, juegos físicos (como la persecución y el escondite), y juegos de vídeo, sin ofrecerles oportunidades para aprender mientras están quietos. Por la misma razón por la que es difícil enseñar a un niño desnutrido o que sufre de Trastorno de Estrés Postraumático (PTSD por sus siglas en

inglés) a concentrarse, es difícil construir el cerebro de un niño demasiado estimulado. Incluso cuando la información se transmite, el niño ha tenido poca experiencia en enfocarse y permanecer quieto.

9. **Proporcionar un estilo de aprendizaje:** Las personas aprenden de una de cuatro maneras: leyendo, visualmente, auditivamente (escuchando/hablando) y cinéticamente (mediante el movimiento). Las personas también enseñan en estas cuatro formas. Los niños que no están expuestos a las cuatro formas de enseñanza tienen lagunas en su desarrollo. Muchos niños no experimentan la cocina hasta que toman Ciencias Familiares y del Consumidor (Economía Doméstica). Muchos niños ingresan a Artes Industriales (Taller) sin haber usado nunca un martillo. Estos fracasos se deben a que los padres y cuidadores no aprovechan la oportunidad de enseñar a los niños cinéticamente y a la falta de exposición de sus hijos a estas disciplinas. Los padres y cuidadores deben proporcionar un acceso temprano para construir el cerebro y disminuir la curva de aprendizaje. Ahora imagínese cómo permanecen los estudiantes desfavorecidos en este estado cuando no tienen exposición a la lectura, la escritura o la instrucción oral y tienen que competir con compañeros de clase que sí lo hicieron.

10. **Organización inconsistente:** Si un padre o tutor carece de consistencia y organización, el estudiante aprendiz será inconsistente y desorganizado. Si el padre o tutor toma cualquier pedazo de papel, como la parte trasera de un sobre, para enseñar un problema de matemáticas, entonces el niño carecerá de las habilidades organizativas que vienen con tener un cuaderno. Aunque el desarrollo del cerebro en el niño es útil, la falta de organización y la inconsistencia serán una fuga de cerebros.

El objetivo de cada padre, abuelo, padrastro y educador es construir la mente del estudiante para el éxito. La fuga de cerebros amenaza ese éxito.

El camino educativo del estudiante ya está lleno de obstáculos. Los niños no pueden simplemente ser entregados al sistema escolar. Los estudiantes necesitan apoyo académico en casa antes de que el niño comience la escuela y a lo largo de su tiempo en ella. El gráfico en la siguiente página ilustra cómo los niños se mantienen en un camino hacia el éxito o el fracaso.

Un niño que comienza rezagado a menudo se queda atrás. Esta es la razón por la que constantemente insisto en la intervención temprana en la infancia. Es bueno que los padres/tutores jueguen con sus hijos y les den juguetes y construyan grandes recuerdos, pero también debemos desarrollar sus cerebros para darles un futuro con opciones. ¡Esta es la razón por la que tenemos actividades cerebrales!

¡El Futuro de Tu Hijo Comienza Hoy!

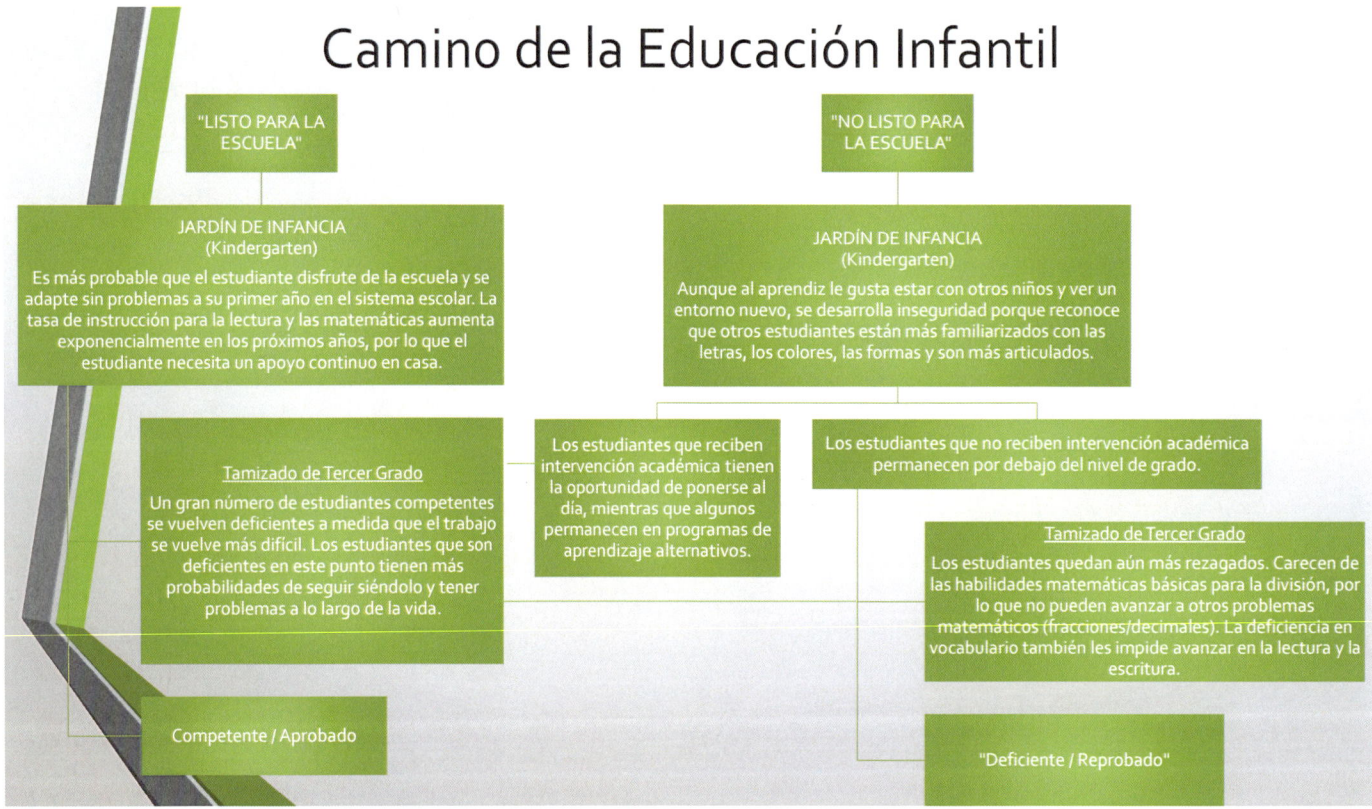

Camino de la Educación Infantil

"LISTO PARA LA ESCUELA"

JARDÍN DE INFANCIA (Kindergarten)
Es más probable que el estudiante disfrute de la escuela y se adapte sin problemas a su primer año en el sistema escolar. La tasa de instrucción para la lectura y las matemáticas aumenta exponencialmente en los próximos años, por lo que el estudiante necesita un apoyo continuo en casa.

Tamizado de Tercer Grado
Un gran número de estudiantes competentes se vuelven deficientes a medida que el trabajo se vuelve más difícil. Los estudiantes que son deficientes en este punto tienen más probabilidades de seguir siéndolo y tener problemas a lo largo de la vida.

Competente / Aprobado

"NO LISTO PARA LA ESCUELA"

JARDÍN DE INFANCIA (Kindergarten)
Aunque al aprendiz le gusta estar con otros niños y ver un entorno nuevo, se desarrolla inseguridad porque reconoce que otros estudiantes están más familiarizados con las letras, los colores, las formas y son más articulados.

Los estudiantes que reciben intervención académica tienen la oportunidad de ponerse al día, mientras que algunos permanecen en programas de aprendizaje alternativos.

Los estudiantes que no reciben intervención académica permanecen por debajo del nivel de grado.

Tamizado de Tercer Grado
Los estudiantes quedan aún más rezagados. Carecen de las habilidades matemáticas básicas para la división, por lo que no pueden avanzar a otros problemas matemáticos (fracciones/decimales). La deficiencia en vocabulario también les impide avanzar en la lectura y la escritura.

"Deficiente / Reprobado"

Amplios estudios revelan que los estudiantes que están por debajo del nivel de grado en tercer grado tienen más probabilidades de abandonar la escuela, cometer delitos, experimentar embarazos adolescentes y utilizar drogas. La intervención académica es necesaria. También hay otros momentos críticos en quinto grado, octavo grado y duodécimo grado en los que las consecuencias son aún mayores.

Características Adicionales

"Los hábitos que formamos desde la infancia no hacen una pequeña diferencia, sino que hacen toda la diferencia." —Aristóteles

Para continuar apoyando tus esfuerzos en desarrollar el cerebro de tu niño aprendiz para el éxito, te he proporcionado un Diario de Parentalidad en el Capítulo 14, Dólares Inteligentes (en inglés sus "Brainy Bucks") en el Capítulo 15 para recompensar a tu niño aprendiz y un glosario de términos educativos clave en el Capítulo 16.

Capítulo 2: El Cerebro Vocal

Construir una Mente que Hable con Fluidez

"Las palabras significan más de lo que está escrito en el papel. Se necesita la voz humana para infundirlas con un significado más profundo." – Maya Angelou

¿Has notado que algunas personas simplemente parecen saber qué decir? ¿Conoces a alguien que sea ingenioso, articulado y que parezca tener un camino más corto entre su cerebro y su boca? Mientras que otros deben pensar mucho para encontrar sus palabras, estas personas tienen el don de la palabra. Hay algunos niños que simplemente son etiquetados como "habladores", cuando en realidad tienen un alto coeficiente intelectual que los impulsa a expresarse. "Actos Inteligentes" te ayudará a desarrollar habilidades de pensamiento y vocabulario en tu niño aprendiz, lo que mejorará la articulación y el vocabulario.

Los niños criados en culturas que son sociales y habladoras obtienen un impulso más temprano y duradero para su cerebro vocal. No solo nuestra fisiología nos proporciona el aparato para hablar con labios, boca y lengua, sino que también tenemos un procesador en nuestro cerebro que nos permite: reconocer diferentes voces, traducir sonidos en palabras y controlar los sonidos que emitimos. Todo esto es parte del cerebro vocal.

Los padres a menudo asumen que solo necesitan comprar útiles escolares, enviar a sus hijos a la escuela y ayudarles con la tarea para que sus hijos tengan éxito en la escuela y sean académicamente seguros. Esto no podría estar más lejos de la verdad. Como se ha mencionado anteriormente en este libro, gran parte del cerebro del niño se desarrolla en los años formativos y estos años ocurren antes del jardín de infantes. Por lo tanto, el padre o tutor debe sentar las bases para construir el cerebro vocal mucho antes de que el niño comience la escuela. Debes trabajar en los sonidos, la pronunciación, el tono, el volumen y la articulación tan pronto como tu niño aprendiz muestre interés en tu habla o incluso comience a balbucear. Tu niño aprendiz te imitará. Si eres una persona callada y te quedas dentro de tu cabeza, él/ella también será callado/a. Si hablas por encima de las personas y no dejas espacio para pausas para que otros indiquen que han terminado su declaración, tu niño aprendiz hará lo mismo. Si hablas con un volumen alto, tu niño aprendiz hará lo mismo.

Así como un niño gatea antes de caminar, un niño debe balbucear y desarrollar la colocación de la lengua y habilidades de fortalecimiento para hablar un lenguaje claro. A medida que tu niño aprendiz crezca, no permitas que tu hijo se salga con la suya señalando objetos o gruñendo. Tendrás que animar a tu niño aprendiz a usar palabras y, luego, gradualmente, usar oraciones completas. Eventualmente, te encontrarás corrigiendo la gramática en lo que puede parecer un trabajo de entrenamiento interminable para ayudar a tu niño aprendiz a ser vocalmente competente.

Un niño vocalmente competente es seguro en clase. Un niño vocalmente competente tiene menos probabilidades de ser intimidado o victimizado, ya que puede articular experiencias. Un niño vocalmente competente tiene más probabilidades de liderar. ¿Tomarás las medidas para construir el cerebro vocal de tu niño aprendiz?

Aquí tienes algunos ejemplos de habilidades vocales competentes:

- Amplio vocabulario.
- Capacidad para reconocer palabras rápidamente.
- Habilidad para pronunciar palabras con destreza.
- Capacidad para comprender el inicio, medio y final de una declaración.
- Confianza al hablar.
- Confianza en que los oyentes están escuchando.
- Preocupación más por el tema/ asunto que por posibles críticas.
- Habilidad para hablar con el tono y volumen apropiados.
- Capacidad para hablar con el menor número posible de muletillas (por ejemplo: em, como, ajá).
- Capacidad para hablar sin que se sienta como una tarea o un castigo.

Ejercicios (0-2 años)
Tarjetas de Palabras

A continuación se muestran ejemplos de Tarjetas de Palabras. Puedes comprar un set completo en una librería local o descargar muestras de internet. El propósito es interactuar con tu niño aprendiz y estimular el habla. Para los niños en los primeros meses después del nacimiento, tienes que ser paciente y trabajar solo en balbuceos básicos. A medida que pasan de 4 a 6 meses, es posible que encuentres balbuceos más comunicativos en incluso puedas hacer que tu niño aprendiz haga ruidos con la boca. Cuando creas que el niño está listo, entonces puedes comenzar a presentarle palabras y pronunciación de palabras. Simplemente señala la imagen y pronuncia la palabra para animar al niño a pronunciarla. Para los animales, puedes agregar el sonido que hace el animal. Para los vehículos, puedes agregar el sonido que hace el vehículo. Puede parecer extraño y como si estuvieras hablando con alguien de otro país, pero este tipo de compromiso temprano les da a los niños una ventaja en el desarrollo del habla y una capacidad más rápida para procesar palabras. Tu niño aprendiz podría ser un futuro presidente, abogado de alto nivel, cantante famoso o portavoz corporativo. Todo comienza aquí.

Intenta hacer que el niño aprendiz diga la palabra "Manzana" muchas veces. Entonces, intenta que el niño aprendiz imite el sonido que una persona hace cuando uno muerde en una manzana.

Para un niño mayor que aprende, pídele que use la palabra en una frase. Si el/ella no entiende la palabra "frase", tratar de que él/ella hablar de la palabra "Manzana" y hacer que se forme una frase.

Intenta hacer que el niño aprendiz diga la palabra "Oso" muchas veces. Entonces, intenta que el niño aprendiz imite el sonido que hace el oso.

Para un niño mayor que aprende, pídele que use la palabra en una frase. Si el/ella no entiende la palabra "frase", él/ella puede usa su imaginación y decirte lo que oso está haciendo.

Intenta hacer que el niño aprendiz diga la palabra "Gato" muchas veces. Entonces, intenta que el niño aprendiz imite el sonido que hace el gato.

Para un niño mayor que aprende, pídele que use la palabra en una frase. Si el/ella no entiende la palabra "frase", él/ella puede usa su imaginación y decirte lo que gato está haciendo.

Intenta hacer que el niño aprendiz diga la palabra "Perro" muchas veces. Entonces, intenta que el niño aprendiz imite el sonido que hace el perro.

Para un niño mayor que aprende, pídele que use la palabra en una frase. Si el/ella no entiende la palabra "frase", él/ella puede usa su imaginación y decirte lo que perro está haciendo.

Intenta hacer que el niño aprendiz diga la palabra "Oreja" muchas veces. Entonces, intenta que el niño aprendiz finge susurrar una oreja.

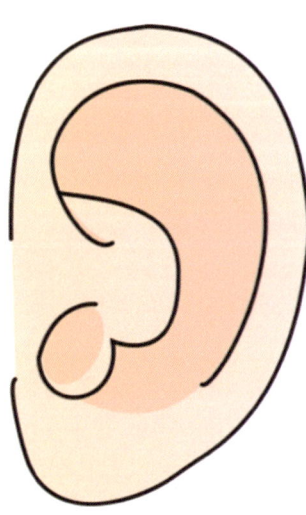

Para un niño mayor que aprende, pídele que use la palabra en una frase. Si el/ella no entiende la palabra "frase", él/ella puede usa su imaginación decirte lo qué hace el oreja.

Soplar

1.   Dependiendo de la edad de tu niño aprendiz, intenta que sople besitos (sonidos de frambuesa), burbujas reales con una varita, un molinillo de viento de papel, un silbato, un diente de león, una vela para apagarla o incluso una hoja de papel sobre una mesa. La mayoría de los niños no desarrollan esta habilidad hasta los 4-6 meses, pero no hace daño intentarlo antes. Este ejercicio les ayuda a desarrollar habilidades motoras importantes para hablar. También les muestra cómo colocar los labios y la lengua.

2.   Dependiendo de la edad de tu niño aprendiz y su capacidad, involúcrate en el balbuceo y haz sonidos extraños mientras fomentas la imitación.

3.   Sopla burbujas de jabón a través de una varita. Esto también ayuda a los niños más pequeños a desarrollar habilidades motoras y la respiración para el habla.

4.   Si tu niño aprendiz está significativamente retrasado en el desarrollo del habla, deberías considerar visitar a un terapeuta del habla. Algunos niños simplemente se desarrollan más tarde, algunos niños pueden tener problemas de audición, algunos niños se quedan selectivamente mudos debido a traumas, algunos tienen discapacidades físicas que pueden requerir cirugía o otra intervención médica, y algunos niños pueden necesitar el beneficio de la terapia del habla para trabajar en habilidades motoras orales. No supongas que tu niño aprendiz simplemente podrá ponerse al día más tarde. Si tienes preocupaciones, entonces debes confiar en esos instintos y hacer que evalúen a tu niño aprendiz. Está dispuesto a obtener una segunda opinión también.

Ejercicios (3-5 años)
El Cerebro Habla

Pídele a tu niño aprendiz que mire la siguiente imagen.

Explícale que tu cuerpo no funciona a menos que el cerebro le diga qué hacer. Finge como si no pudieras mover tu brazo o pierna. Luego habla con una voz diferente como si fuera tu cerebro diciéndole a tu brazo o pierna que se mueva.

Luego, haz que tu niño aprendiz en voz alta complete el espacio en blanco en esta página. Permítele que te vea mientras escribes la respuesta. Esto les ayudará con la sección de escritura que viene a continuación.

El cerebro habla con mi _____.

Después de que te rías, puedes elegir otra parte del cuerpo que no pueda moverse, como una mano o incluso tu boca, y permitir que tu niño aprendiz ordene a la parte que se mueva como si él/ella fuera el cerebro. Repite toda la frase después de completar el espacio en blanco y anima al niño a decir toda la frase.

El cerebro habla con mi _____ .

El cerebro le dice a mi _____ **que se mueva.**

El cerebro es mandón.

El cerebro _____.

Intenta que tu niño aprendiz se involucre en una conversación mientras completas las respuestas.

El Cerebro Arregla

Pídele a tu niño aprendiz que mire la siguiente imagen.

Explícale que tu cerebro te da la habilidad de mover tu mano para arreglar cualquier cosa que el cerebro le diga que haga. Puedes arreglar juguetes o cualquier cosa en la habitación. Luego habla con una voz diferente como si fuera tu cerebro diciéndole a tu mano que arregle algo.

Y luego haz que tu niño aprendiz en voz alta complete el espacio en blanco.

El cerebro dijo que arreglara _____.

Después de que te rías, puedes elegir otra cosa para arreglar o dejar que tu niño aprendiz elija algo para arreglar.

Mi cerebro me dijo que arreglara _____.

Usé mi cerebro para arreglar _____.

Puedes usar tu cerebro para arreglar _____.

El cerebro _____.

No tienes que detenerte aquí. Puedes completar varias versiones del juego para hacer que tu niño aprendiz hable y piense. Como antes, incluso recomendaría acelerarlo como una carrera para ver qué tan rápido el niño puede identificar qué parte no se está moviendo o qué tan rápido puede ordenar a la parte que se mueva. Algunos niños eventualmente hablarán en voz del cerebro para ordenar a sus animales de peluche o mascotas que hagan cosas.

A mi Cerebro le Encanta

Pídele a tu niño aprendiz que mire la siguiente imagen.

Explícale que a tu cerebro le encantan ciertas cosas. Puedes decir "a mi cerebro le encanta cuando bailo", y luego hacer un baile. "A mi cerebro le encanta cuando corro", y luego corre en el lugar. Luego, haz que tu niño aprendiz en voz alta complete el espacio en blanco.

A mi cerebro le encanta cuando yo_____.

Después de que te rías, puedes pedirle a tu niño aprendiz que elija otra cosa que a su cerebro le guste.

A mi cerebro le encanta cuando yo _____.

A mi cerebro le encanta cuando yo _____.

A tu cerebro le encanta cuando tú_____.

El cerebro ama_____.

No tienes que detenerte aquí. Puedes completar varias versiones del juego para hacer que tu niño aprendiz hable y piense. Incluso recomendaría acelerarlo como una carrera para ver qué tan rápido el niño puede identificar qué parte no se está moviendo o qué tan rápido puede ordenar a la parte que se mueva.

Jugar-Hablar-Escuchar-Aprender-Enseñar
Ejercicios Adicionales

1.   Canta la canción del abecedario con tu niño aprendiz. Presta atención especial a las letras con las que tu niño aprendiz tenga más problemas para articular. Después de cantar la canción, sutilmente comienza a pedirle a tu niño aprendiz que diga palabras que comiencen con esa letra durante el día. Por ejemplo, si tu niño aprendiz tiene problemas con palabras que comienzan con la letra "t", entonces deberías darle más palabras que decir. Hazlo sutilmente para no intimidar o avergonzar al niño. Puedes preguntarle al niño sobre un "**t**igre" o una historia sobre una "**t**ortuga".

2.   Grabate a ti y a tu niño aprendiz hablando entre ustedes. Reproduce la grabación para que tu niño aprendiz pueda verse y escucharse a sí mismo. Asegúrate de que la grabación también les permita ver cómo se forma la boca cuando el niño habla.

3.   Para niños de 2 años en adelante: Pídele a tu niño aprendiz que te enseñe algo. Quieres que el niño practique organizar pasos en su mente. El niño puede explicar cómo hacer un sándwich de mantequilla de maní y mermelada o cómo lavarse las manos. Juega el Juego del "Robot Malo" en el que eres un robot y solo puedes hacer lo que se te indica. Luego pregunta a tu niño aprendiz cómo hacer algo. Si omiten una dirección o dan una dirección que no proporciona suficientes detalles, entonces haz ese error para mostrar que la dirección no fue buena. Por ejemplo, si eres el robot malo y quieres que el niño te diga cómo hacer un sándwich de mantequilla de maní y mermelada y el niño dice que pongas la mermelada en el pan, pero nunca te dijo que sacaras el pan de la bolsa, coloca la mermelada en el exterior de la bolsa. Se reirán mientras fortaleces su cerebro para comunicar direcciones de manera clara y precisa.

4.   Pídele a tu niño aprendiz que te cuente un cuento para dormir o una historia en general.

5.   Después de ver un caricatura, pídele a tu niño aprendiz que imagine qué sucedió después del final del episodio a los personajes. Pídele a tu niño aprendiz que te cuente qué sucedió después.

Autoevaluación: Tiempo para Reflexionar

¿Cuánto tiempo hablo con mi niño aprendiz cada día?

¿Cuánto tiempo escucho a mi niño aprendiz cada día?

¿Cuáles son las circunstancias en las que mi niño aprendiz habla?

¿Son estas situaciones en las que el niño aprendiz puede hablar libremente y ser escuchado sin distracciones?

¿Le proporciono a mi niño aprendiz la oportunidad de hablar con niños de la misma edad?

¿Mi niño aprendiz está alcanzando hitos vocales?

¿Necesita mi niño aprendiz un terapeuta del habla?

¿Tengo la paciencia para ayudar a mi niño aprendiz a convertirse en un hablante competente?

¿Estoy haciendo lo suficiente para desarrollar el cerebro vocal de mi niño aprendiz? ¿Debería intensificar mis esfuerzos? ¿Debería buscar ayuda adicional?

¡Construye una Mente que Hable con Fluidez!
¡Desarrolla el Cerebro Vocal de tu Niño Aprendiz!

Capítulo 3: El Cerebro de la Alfabetización

Construye una Mente que Lee

"La lectura es para la mente lo que el ejercicio es para el cuerpo." – Sir Richard Steele

¿Has notado que algunas personas tienen un don para la lectura? No solo es su estilo preferido para aprender, sino que realmente disfrutan leer. Algunos leen más rápido, comprenden más profundamente e incluso logran teletransportarse al material de lectura debido a sus habilidades de alfabetización mejoradas. Tienen poderes cerebrales únicos. La alfabetización no solo se aplica a la capacidad de leer y entender; se extiende a la capacidad de descifrar y entender símbolos. Un niño de dos años puede que no tenga la capacidad de leer a Shakespeare, pero el hecho de que reconozca la M dorada en un letrero de restaurante y exija papas fritas demuestra cierta alfabetización. ¡"Actos Inteligentes" desarrollará habilidades de pensamiento que mejorarán la alfabetización y comprensión. ¡La alfabetización es pensar!

La alfabetización se define como la capacidad de leer y escribir en un idioma particular. También puede definirse como la capacidad de entender e interpretar símbolos y códigos. Los factores clave en la construcción de un cerebro alfabetizado son:

• **Letras:** Los padres no deben esperar hasta que sus hijos estén en edad escolar para presentarles el alfabeto. Es importante conseguir bloques de letras, libros con letras, juguetes con letras, carteles e incluso imanes que puedan ir en el refrigerador (suponiendo que no representen peligro de asfixia) a una edad temprana. Las letras son los bloques de construcción para las palabras y las palabras son la base de la comunicación escrita.

• **Palabras:** Presenta palabras a tu niño aprendiz desde temprano. Algunos constructores de cerebros exitosos han logrado ayudar a sus hijos a convertirse en lectores competentes mucho antes del jardín de infantes. Las palabras vistas son una herramienta crítica. Un padre coloca tarjetas con palabras alrededor de la casa. Tiene una tarjeta para una puerta, una tarjeta para una mesa, una tarjeta para una silla, etc., con las palabras escritas. Recuerdas haber visto este tipo de cosas en la escuela primaria, ¿por qué debería comenzar o detenerse el aprendizaje allí?

- **Comprensión:** El primer paso en la alfabetización es que el niño reconozca la palabra e incluso asocie la palabra con la pronunciación de la misma, y el segundo paso es que el niño entienda el significado de la palabra. Una vez que conocen el significado, no están muy lejos de aprender a unir palabras y formar oraciones.
- **Fluidez:** La práctica hace al maestro. Con el tiempo, un niño desarrolla la capacidad de reconocer letras y palabras fácil y rápidamente. La fluidez viene con la práctica, por lo que es imperativo que tu niño aprendiz obtenga la mayor cantidad de práctica posible. Podemos imaginar a un niño practicando un deporte o un instrumento, pero un niño debe practicar la alfabetización desde temprana edad para estar en posición de pasar por el sistema educativo con confianza y excelencia.

¿Ves cómo construimos el cerebro con letras, palabras y comprensión, antes de agregar fluidez?

Suena simple, porque lo es. Solo tienes que poner el trabajo. Puedes construir la alfabetización a través de actividades de enseñanza estructuradas, y puedes construir la alfabetización a través del juego. Todo comienza con libros de imágenes sin palabras, enseñando al niño cómo sostener el libro correctamente, haciendo preguntas sobre la historia, pronunciando palabras y eventualmente permitiéndoles que te lean a ti.

La alfabetización tiende a ser el mayor obstáculo para los estudiantes deficientes. Un niño con habilidades de lectura deficientes tiene pocas posibilidades de éxito para resolver problemas matemáticos de palabras. Un lector deficiente lucha por seguir instrucciones escritas para tareas. Un lector deficiente también enfrenta más riesgos de seguridad y peligros físicos que otros niños.

Como se aborda en otros capítulos, los años formativos ocurren antes de la escuela; por lo tanto, debes trabajar para construir el cerebro de la alfabetización temprano. El objetivo no es solo preparar al niño para la escuela, sino prepararlo para el primer cambio importante. Quieres que tu niño aprendiz pueda mantenerse al día con otros estudiantes en kindergarten y estar listo para la escuela. En tercer grado, el éxito académico o el fracaso de la mayoría de los estudiantes está determinado. En tercer grado, la mayoría de los estudiantes revelan si han desarrollado las habilidades de alfabetización y habilidades matemáticas básicas para continuar con competencia o si caen en la categoría de estudiantes deficientes que necesitan intervención suficiente antes del próximo cambio importante en quinto grado.

Un lector competente es seguro en clase. Un lector competente es más propenso a estar enfocado y ser capaz de aprender independientemente. Un lector competente es menos propenso a ser intimidado o victimizado, ya que posee la capacidad de articular sus experiencias. Un lector competente es más propenso a liderar. ¿Tomarás los pasos para construir el cerebro de alfabetización de tu niño aprendiz?

Aquí tienes algunos ejemplos de habilidades de lectura competentes:

- Capacidad para reconocer e interpretar palabras de vocabulario.
- Capacidad para sostener correctamente un libro.
- Capacidad para sentarse quieto con buena postura.
- Capacidad para concentrarse.
- Disposición para pronunciar palabras y intentar su pronunciación.
- Capacidad y deseo de seguir instrucciones escritas.
- Disposición para intentar interpretar una oración incluso si se está inseguro de una palabra.
- Aumento de la fluidez (velocidad y precisión) en la lectura.
- Mayores esfuerzos para leer sin indicaciones ni instrucciones.
- Capacidad para ver la lectura como una aventura en lugar de una tarea.

Hitos Para un Niño Lector

Por supuesto, cada niño es diferente. Hay algunos niños que alcanzan ciertos hitos antes y otros que los alcanzan más tarde. Este es un cronograma de los hitos de lectura para el niño promedio.

Infancia (0-12 meses):

1. Observa libros e imágenes en el libro.

2. Entiende que estás hablando sobre cosas en el libro.

3. Dispuesto a tocar imágenes y ayudar a dar vuelta a las páginas.

4. Hace ruidos en respuesta a la historia o para imitar tu lectura.

5. Desarrolla la capacidad de sentarse y sostener la cabeza de manera estable.

Niños pequeños (1-3 años):

1. Conoce el libro y es capaz de recordar partes del mismo.

2. Capaz de recoger libros más pequeños sin ayuda.

3. Capaz de dar vuelta a las páginas sin ayuda.

4. Reconoce algunas letras, colores y animales.

5. Capaz de entender tramas de historias simples.

Preescolares (3-4 años):

1. Mejor capacidad para sostener un libro.

2. Capaz de leer parte del libro en lugar de fingir leer.

3. Capaz de recordar partes de la historia.

4. Reconoce más letras, animales, colores y objetos.

5. Empareja más letras con sonidos.

6. Capaz de predecir partes de la historia basadas en imágenes en lugar de que leas cada palabra.

7. Reconoce algunas palabras de vista e incluso intenta leer palabras mientras tú lees.

Kindergarten (5 años):

1. Más activamente comprometido en la lectura de la historia.

2. Capaz de descifrar algunas palabras que riman o tienen una ortografía similar.

3. Reconoce algunas palabras de vista sin leerlas en voz alta.

4. Puede contar la historia.

Alfabeto (0–5 años)

Tabla del Alfabeto

Por favor, repase estas letras con su niño aprendiz y trabaje en los sonidos de estas letras.

*La 'll' y la 'rr' no son oficialmente parte del alfabeto y se consideran dígrafos. Son ampliamente utilizados en el idioma español y se enseñan como parte del aprendizaje.

Aa	Bb	Cc	Dd
Ee	Ff	Gg	Hh
Ii	Jj	Kk	Ll
*LL ll	Mm	Nn	Ññ
Oo	Pp	Qq	Rr
*RR rr	Ss	Tt	Uu
Vv	Ww	Xx	Yy
Zz			

Palabras a la Vista / Palabras de Alta Frecuencia

Por favor, repase estas palabras a la vista con su niño aprendiz para asegurar fluidez en la comprensión, pronunciación y ortografía.

a	adiós	de	día
dice	dio	dijo	dónde
el	él	ella	es
estoy	feliz	gracias	hay
la	mamá	mi	mío
no	nosotros	el papá	para
pero	por	porque	puedo
qué	quién	sin	son
también	tengo	tú	un
uno	vamos	veo	yo

Etiquetas

Recorta los siguientes cuadros y pégalos en objetos de tu hogar. Siéntete libre de crear etiquetas adicionales con tarjetas de índice o papel de cuaderno.

SILLA
MESA
PARED
PUERTA

| BAÑO |
| FREGADERO |
| PISO |
| CAMA |

Ejercicios Adicionales

1.	Mientras comienzas a preparar una comida, pídele a tu niño aprendiz que lea las etiquetas de los alimentos contigo.

2.	Pide a tu niño aprendiz que deletree elementos de la comida o bebidas como "leche" o "uva" cuando coman o cuando hagan una solicitud para comer algo.

3.	Lean juntos el menú en un restaurante.

4.	Lean juntos los letreros en una tienda, en un parque, en la carretera, en la consulta del médico o donde quiera que se coloquen letreros.

5.	Usa un audiolibro apropiado para la edad en una tableta o teléfono móvil que pronuncie las palabras mientras se leen.

6.	Crea un diario con tu niño aprendiz en el que ambos escriban algunas de las cosas geniales que hicieron juntos durante el día. Luego regresen al diario y léanlo juntos.

7.	Realiza una búsqueda en internet con tu niño aprendiz para responder una pregunta que tu niño aprendiz haya planteado y lean los resultados juntos.

8.	Realiza una búsqueda en el internet con tu niño aprendiz para ver si hay alguien más en el mundo que tenga el mismo nombre. Si es así, aprendan sobre esa persona. Haz una búsqueda también con tu nombre.

9.	Lean las instrucciones de un juego con tu niño aprendiz antes de jugar.

10.	Sigan las direcciones en un mapa o Sistema de Posicionamiento Global (GPS) con tu niño aprendiz para que tengan que mencionar los nombres de las calles mientras hacen giros. Hazlo de manera segura mientras otra persona conduce o mientras caminan en un área sin tráfico.

Autoevaluación: Tiempo para Reflexionar

¿Con qué frecuencia leo libros a mi niño aprendiz? ¿Con qué frecuencia permito que mi niño aprendiz me lea a mí? Incluso si mi niño aprendiz es demasiado joven para leer, él/ella puede señalar las imágenes en un libro y disfrutar de las imágenes conmigo.

¿Con qué frecuencia escribo a mi niño aprendiz? Algunos padres escriben una lista de tareas, mientras que otros escriben cartas, notas, tarjetas o dibujan imágenes. Estas actividades desarrollan el cerebro de la alfabetización. ¿Estoy escribiendo?

¿Aprovecho las oportunidades de lectura cotidianas con mi niño aprendiz? ¿Leo cajas de cereales, ingredientes de productos, artículos de periódicos/revistas, menús, instrucciones de juegos, direcciones, anuncios, créditos de televisión, calcomanías, letreros, etc. con mi niño aprendiz?

¿Permito que mi niño aprendiz lea con otros niños para que la lectura sea divertida en lugar de una tarea?

¿Tengo la paciencia para ayudar a mi niño aprendiz a convertirse en un lector competente?

¿Estoy haciendo lo suficiente para construir el cerebro de alfabetización de mi niño aprendiz? ¿Debería intensificar mis esfuerzos? ¿Debería buscar ayuda adicional para ayudar a desarrollar el cerebro de alfabetización de mi niño aprendiz?

¡Construye una Mente que Lee!

¡Desarrolla el Cerebro de la Alfabetización de tu Niño aprendiz!

Capítulo 4: El Cerebro de la Escritura

Construye una Mente que Escribe

"La escritura, para mí, es simplemente pensar a través de mis dedos." – Isaac Asimov

¿Alguna vez has notado que algunas personas no se cansan de escribir? El maestro pide un ensayo de una página y ellos escriben tres. Escriben en diarios por diversión y llenan varios de ellos. ¿Tienes personas en tu vida que escriben publicaciones largas en redes sociales o envían mensajes de texto detallados? Tal vez eres uno de ellos. ¿Has hecho la escritura para tareas grupales en clase o para proyectos de oficina?

¿O eres de los que hacen todo lo posible para evitar escribir? Los no escritores a menudo son reacios a escribir porque no hicieron suficiente escritura para desarrollar su cerebro de escritura. No usar tácticas de miedo, ¿pero quieres que tu niño aprendiz tenga miedo de escribir? En algún momento, cada niño debe responder a una pregunta en un examen, completar una solicitud de trabajo o incluso completar un informe para un trabajo. Hay una inteligencia especial que viene con la escritura que debe ser desarrollada y fomentada desde una edad temprana. "Actos Inteligentes" te ayudará a construir habilidades de pensamiento y vocabulario, lo que mejorará la articulación y expresión de tu niño aprendiz. Queremos que tu niño aprendiz sea un escritor fluido.

En el Capítulo 3, discutimos los componentes básicos de la alfabetización: el alfabeto, las palabras, la comprensión y la fluidez. El cerebro alfabetizador y el cerebro escritor a menudo colaboran, ambos desarrollan la capacidad de recibir y comunicar el lenguaje. Escribir implica una habilidad ligeramente diferente porque el escritor está obligado a crear comunicación. Esto requiere la memorización de palabras para los más pequeños que solo tienen un vocabulario limitado. El adulto promedio tiene un vocabulario de decenas de miles de palabras en comparación con un niño que tiene menos de cien palabras en su vocabulario.

No se puede esperar que un bebé sostenga un lápiz y escriba; sin embargo, como se vio en el último capítulo, la alfabetización de un bebé comienza a través de la exposición a letras, palabras e incluso formas y números. Tu hijo tiene la habilidad de pintar con los dedos, garabatear con crayones grandes e incluso presionar teclas en un teclado. Nunca es demasiado temprano para empezar a desarrollar el cerebro de la escritura. Aunque muchos educadores y especialistas en desarrollo infantil sabiamente abogan por reducir el tiempo frente a pantallas, televisores, computadoras, tabletas, teléfonos móviles y similares, estos dispositivos pueden ser excelentes herramientas para ayudar a los bebés y niños mayores a desarrollar su cerebro de escritura. Cualquier cosa que ayude a un niño a aprender y reconocer letras y palabras avanza en las habilidades de escritura del estudiante. Por ejemplo, existen aplicaciones de trazado en las que un niño puede trazar letras del alfabeto y teclados que permiten a los niños escribir letras.

Un escritor competente es seguro en clase y desarrolla la capacidad de seguir instrucciones escritas, así como la capacidad de dar instrucciones por escrito. Un escritor competente es más probable que cree, lidere e instruya. Los escritores competentes tienden a creer que tienen una voz en el mundo que debe ser escuchada. Observa algunas de las otras habilidades y atributos de un escritor competente.

Aquí tienes algunos ejemplos de habilidades de escritura competentes:

- habilidad para sostener el lápiz, bolígrafo, crayón o marcador correctamente
- habilidad para dibujar letras con precisión, rapidez y limpieza
- tener un buen vocabulario y habilidad para usar las palabras correctamente
- ser considerado con la necesidad del lector de entender
- habilidad para utilizar diferentes medios, es decir, papel, pantalla, etc.
- habilidad para enfocarse y luchar contra la tentación de divagar social o emocionalmente
- habilidad para autorregularse
- habilidad para trabajar en equipo
- habilidad para escuchar y seguir instrucciones
- habilidad para comprender el tiempo y la puntualidad
- habilidad para ver la escritura como una aventura en lugar de ser una tarea o castigo

¿Tomarás los pasos para construir el cerebro de escritura de tu niño aprendiz?

Ejercicios (0-5 año — Letras)

Para los aprendices jóvenes, dales una hoja de papel para que practiquen cómo sostener un crayón y garabatear. Si tu niño aprendiz es lo suficientemente mayor y capaz, dirígelos para que tracen las letras a continuación y las escriban en el espacio. Eventualmente practicaremos escribir letras más pequeñas.

Aa Bb Cc Dd

Ee Ff Gg Hh

Ii Jj Kk Ll

Mm Nn Oo Pp

Qq Rr Ss Tt

Uu Vv Ww Xx

Yy Zz

Pidele a tu niño aprendiz que trace y coloree las formas que se muestran a continuación y en las páginas siguientes.

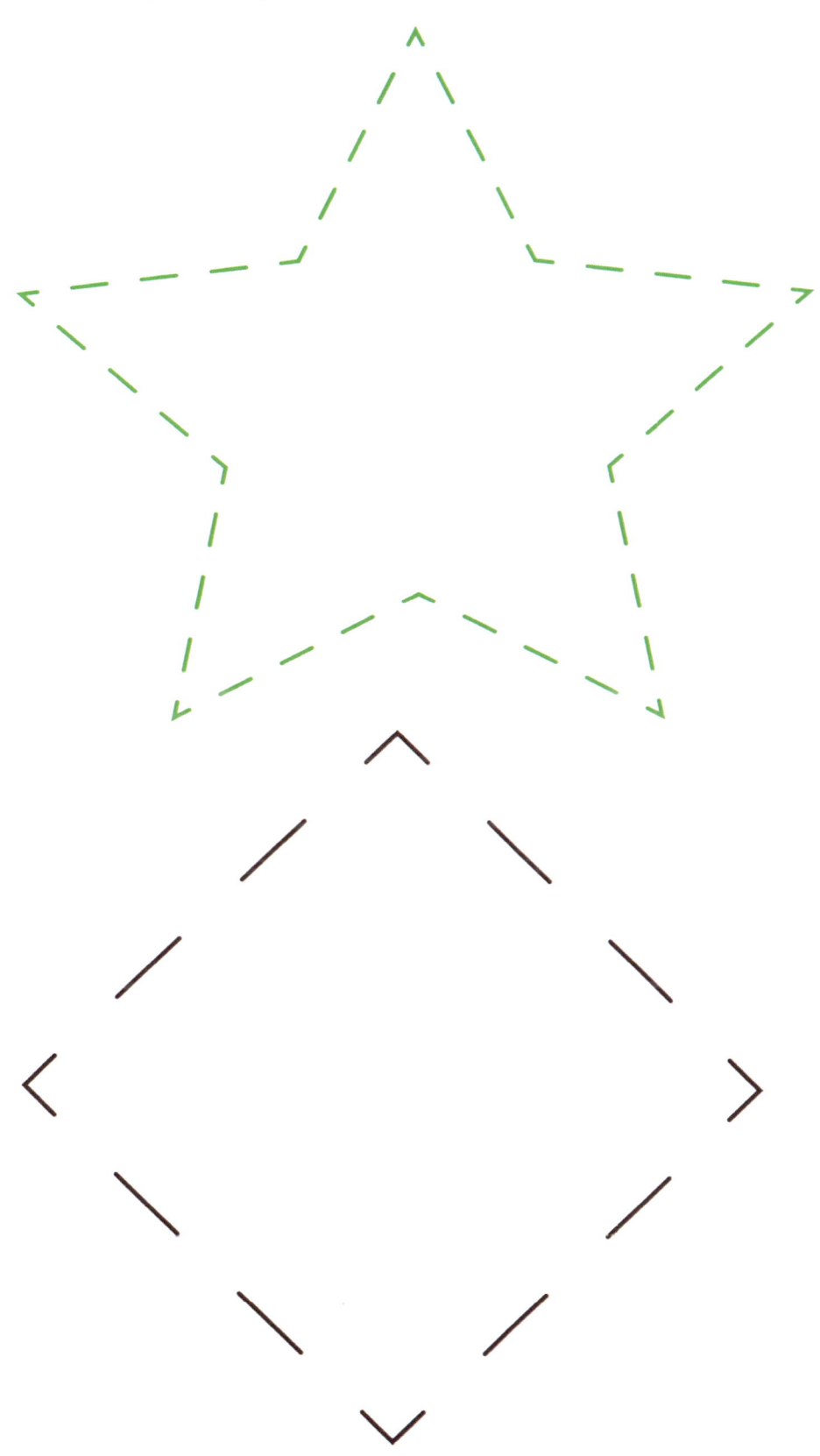

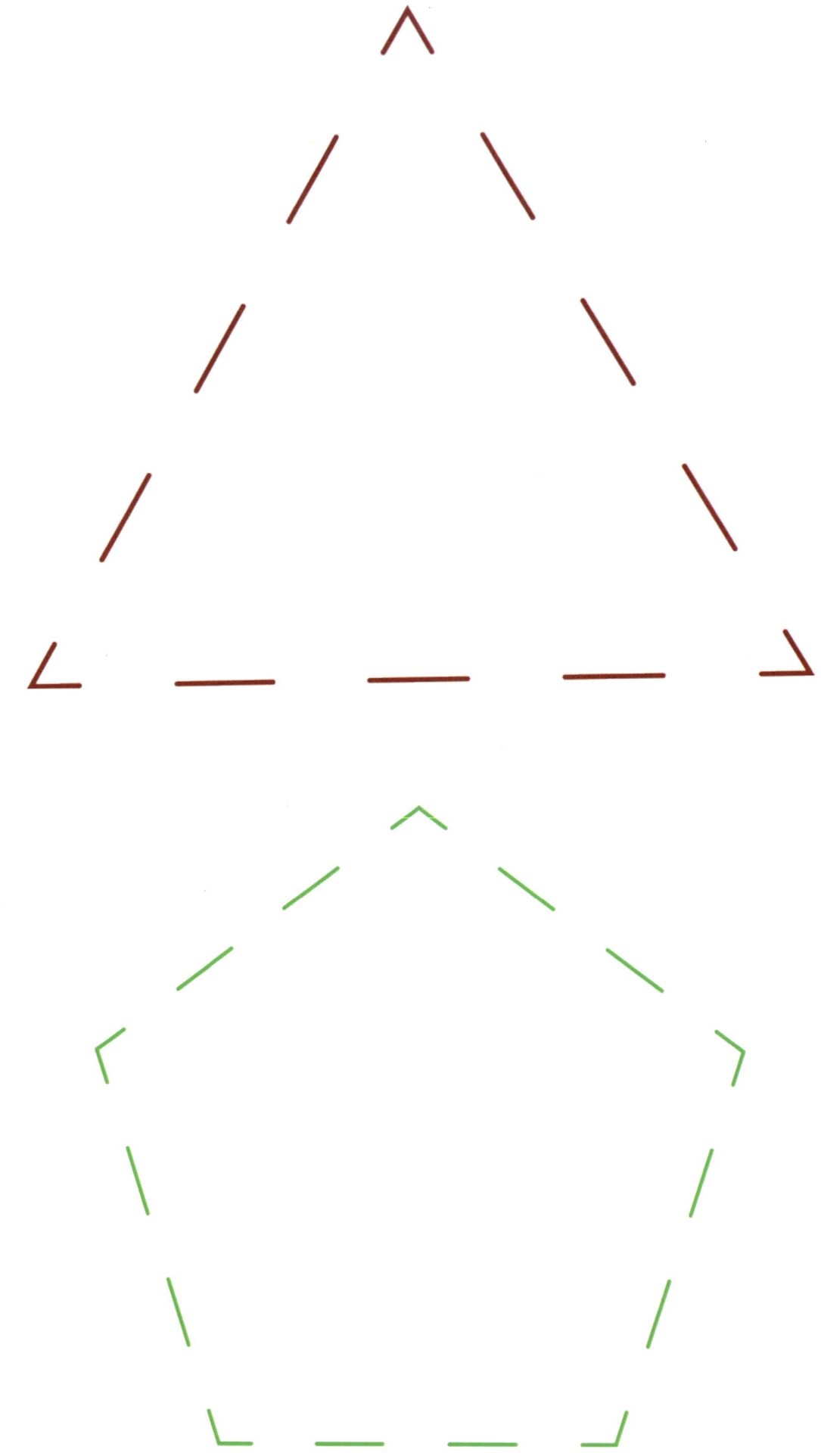

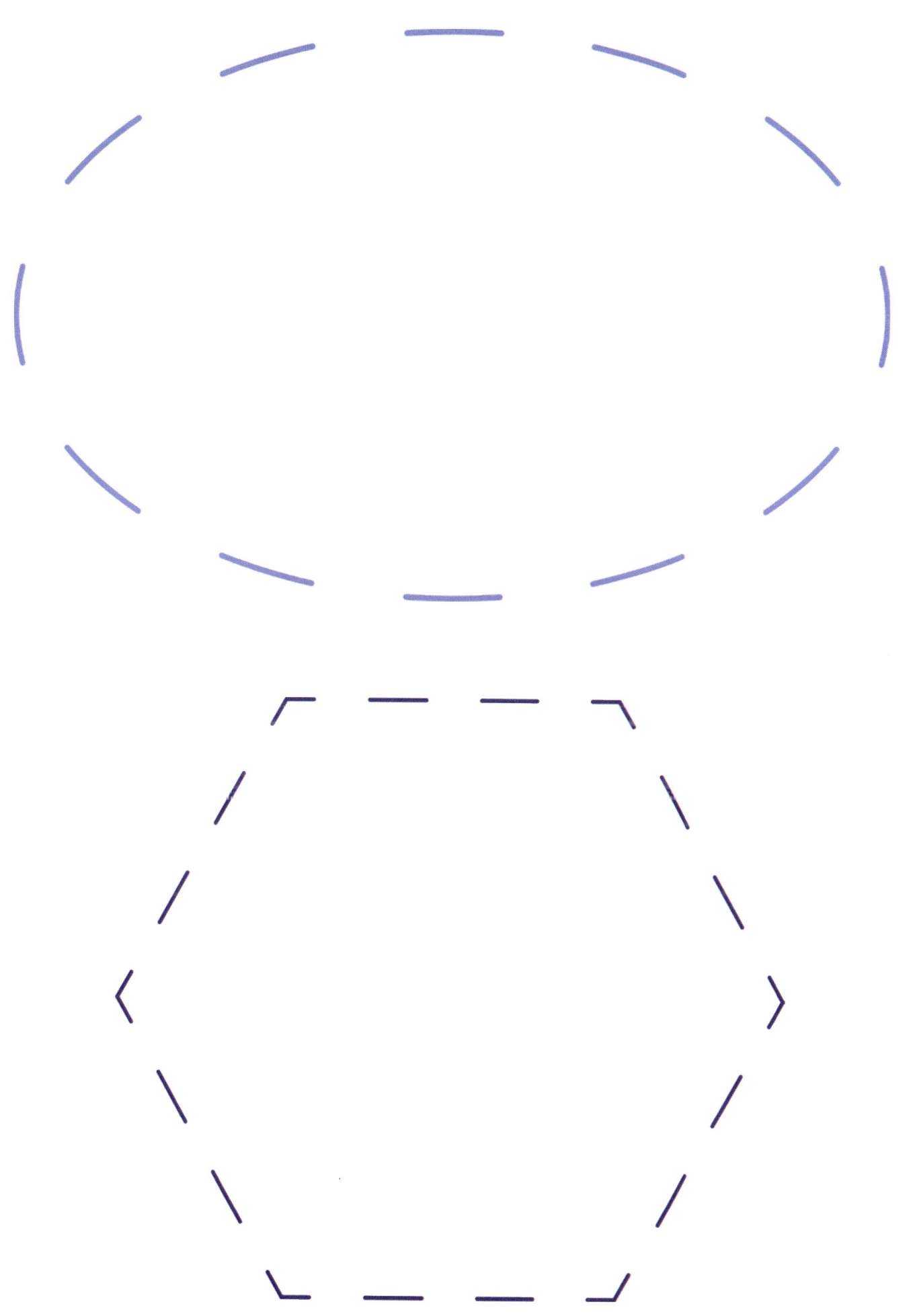

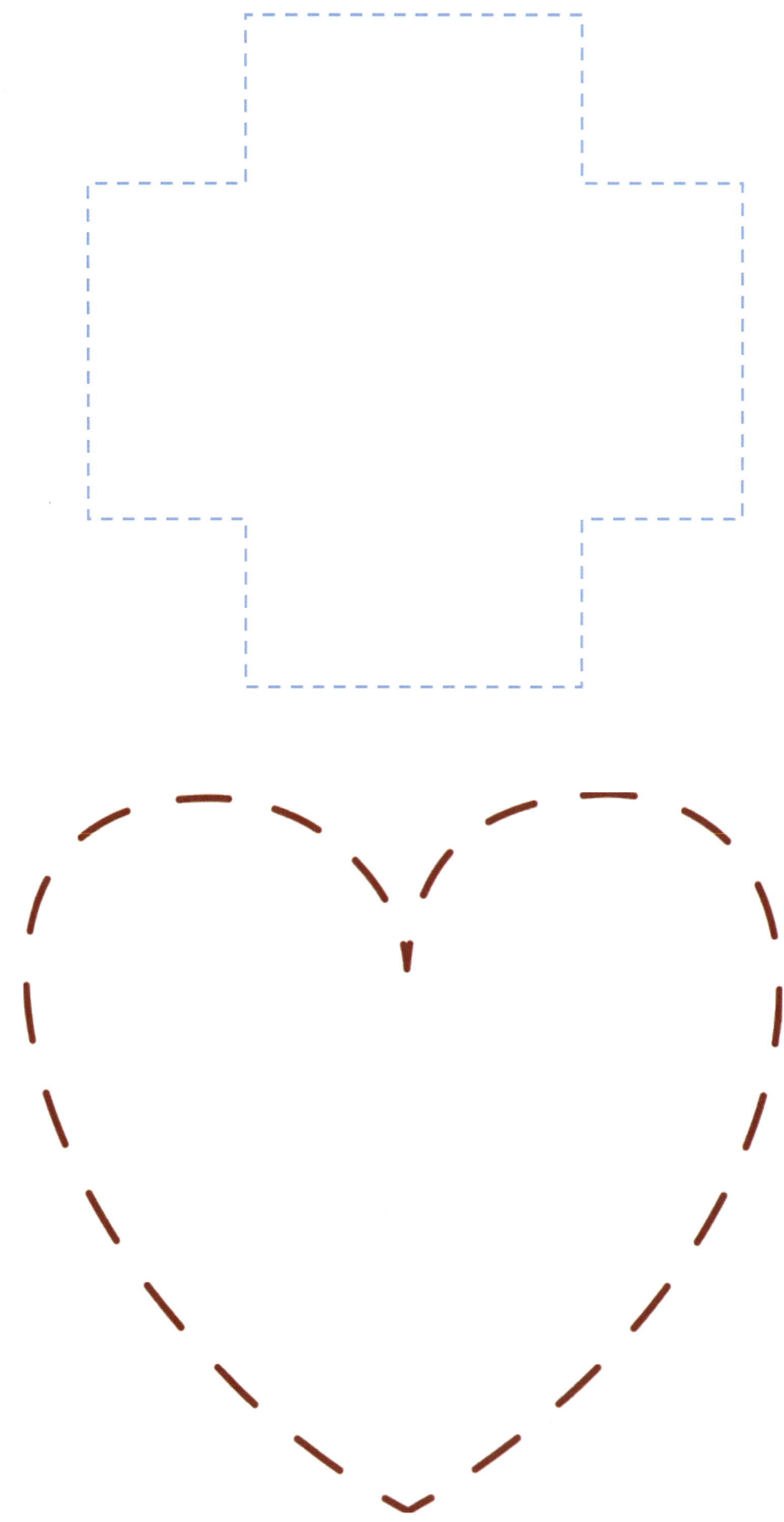

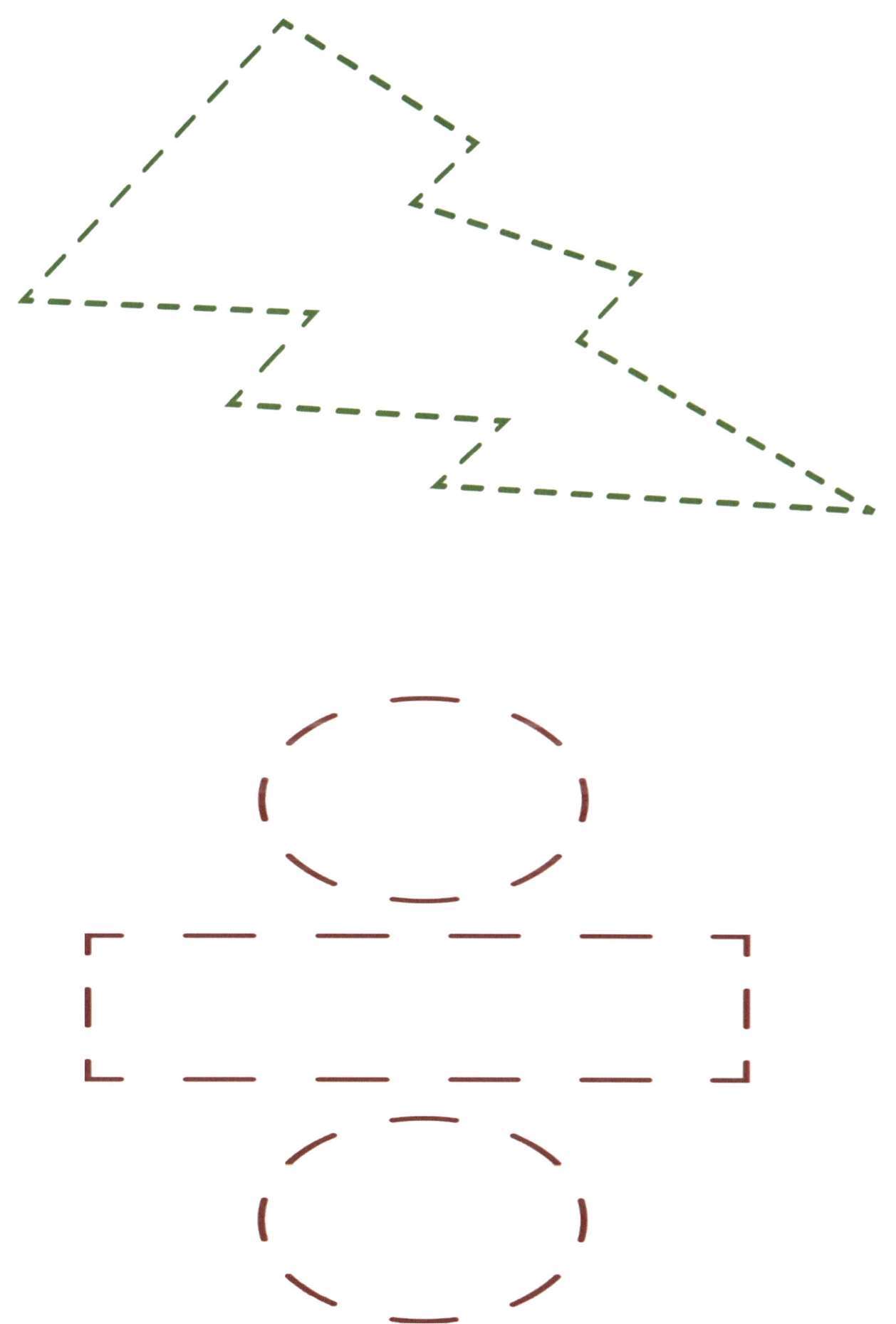

Palabras de Vista

Haz que tu niño aprendiz te ayude a crear tarjetas de palabras de vista en tarjetas de índice o papel en blanco.

Etiquetas

En el último capítulo, colocaste etiquetas en objetos de tu hogar. Completa los cuadros a continuación con tu niño aprendiz y péguelas con cinta adhesiva a los artículos de tu hogar (por ejemplo, escritorio, refrigerador, etc.). Siéntete libre de crear etiquetas adicionales con tarjetas de índice o papel de cuaderno.

Ejercicios Adicionales

1.   Utiliza una pizarra blanca en tu refrigerador o en la habitación de tu niño aprendiz. Para los niños más pequeños, permíteles dibujar Emojis para expresar cómo se sienten en un día en particular. Para los niños mayores, pídeles que escriban lo que quieren comer para una comida en particular.

2.   Crea un diario que tú y tu niño aprendiz coescribirán juntos sobre su tiempo juntos.

3.   Crea un libro para niños. Pídele a tu niño aprendiz que te ayude a escribir un libro que se pueda leer a otros niños. Permite que tu niño aprendiz dé ideas para la historia y, dependiendo de su edad, pueden escribir algunas de las letras o ayudar con algunas de las ilustraciones.

4.   Permite que tu niño aprendiz escriba en un teclado.

5.   Dale a tu niño aprendiz rompecabezas adicionales como conectar los puntos y encontrar palabras.

6.   Permite que tu niño aprendiz utilice libros para colorear. Cambia gradualmente de crayones más gruesos a crayones más pequeños y luego a lápices de colores.

7.   Enseña a tu niño aprendiz a deletrear su nombre.

Autoevaluación: Tiempo para Reflexionar

¿Con qué frecuencia le escribo a mi niño aprendiz? Algunos padres escriben una lista de tareas. Algunos escriben cartas, notas o tarjetas. Esto desarrolla el cerebro de la alfabetización.

¿Con qué frecuencia le requiero que mi niño aprendiz escriba, dibuje o pinte? Todas estas actividades ayudan a desarrollar la fuerza y destreza de la mano.

El niño aprendiz necesita una exposición temprana y consistente a esta disciplina para desarrollar un cerebro de escritura. Como se mencionó anteriormente, por lo general los niños están menos expuestos que las niñas y tienen mayores dificultades en la escuela.

¿Tengo una pizarra de borrado en seco, una pizarra, tizas para la acera (solo para niños mayores debido al riesgo de asfixia con piezas rotas) o un cuaderno de bocetos que pueda usar con mi niño aprendiz?

¿Disfruto escribir?

¿Estoy haciendo lo suficiente para desarrollar el cerebro de escritura de mi niño aprendiz?

¿Debería intensificar mis esfuerzos?

¿Debería buscar ayuda adicional para ayudar a desarrollar el cerebro de escritura de mi niño aprendiz?

¡Construye una Mente que Escribe!

¡Desarrolla el Cerebro de Escritura de tu Niño aprendiz!

Capítulo 5: El Cerebro Artístico

Construye una Mente que Crea

"El artista ve lo que otros solo vislumbran."– Leonardo Da Vinci

¿Has notado que algunas personas tienen un don para la pintura, el canto, la actuación, el baile u otras áreas en las artes creativas? El don puede ser parcialmente genético, pero sin desarrollo real, no se llega a nada. Estas personas no solo tienen talento; están entrenadas. Han entrenado sus mentes y sus cuerpos para crear arte. Sus cerebros poseen la capacidad de imaginar cosas que otros no ven fácilmente. En muchos casos, no solo tienen la habilidad de imaginar estas cosas, sino la capacidad de expresar sus visiones a través de un medio fijo de arte como un lienzo, un instrumento, una cámara, un poema, una canción, una rutina de baile o incluso una escultura. Los niños necesitan exposición a la música, la pintura, la arcilla, el canto, el baile, la realización de películas, la escultura, etc., a una edad temprana, de lo contrario, ven las artes como uno de dos extremos: poco interesantes o intimidantes.

¿Consideras las artes en alguno de estos extremos: poco interesantes o intimidantes? Para aquellos con exposición limitada a un instrumento, la idea de tocar un instrumento parece aburrida o como un superpoder. En realidad, un artista a menudo emplea la misma cantidad de tiempo, esfuerzo y disciplina a su oficio que un atleta le dedica a un deporte, o un ingeniero le dedica a la ciencia y a las matemáticas. "Actos Inteligentes" te ayudará en tus esfuerzos por construir habilidades de pensamiento que ayudarán a tu niño aprendiz a encaminarse hacia la creatividad y el éxito en las artes.

Aquí tienes algunos ejemplos de habilidades artísticas competentes:

- habilidad para expresarse de manera diferente a otros niños
- habilidad para ver cosas que otros no ven
- habilidad para ser creativo de manera consistente
- atención al detalle
- habilidad para apreciar y alimentarse de otras expresiones artísticas
- habilidad para enfocarse y luchar contra la tentación de desviarse social o emocionalmente
- habilidad para autorregularse
- habilidad para criticar a otros artistas
- habilidad y disposición para explorar y experimentar con diferentes colores, sonidos, etc.
- habilidad para trabajar con al menos un medio específico (música, pintura, arcilla, danza/movimiento, etc.)
- habilidad para ver el arte, la música, la moda, etc., como una aventura en lugar de una tarea

Ejercicios (0-5 años): Paseo Sin Palabras

Revisa las imágenes con tu niño aprendiz. Mire cada imagen y pregúntele a tu niño aprendiz qué está sucediendo. Pregúntele al niño aprendiz qué sonidos se están haciendo en cada tablero. ¿Cuál es el nombre de la niña? Permite que tu niño aprendiz le dé un nombre. ¿Qué está haciendo ella con la pelota? Pregúntele al niño aprendiz qué sucede a continuación. Pregunte cualquier cosa que inspire la imaginación del niño aprendiz.

¿La niña dejó caer la pelota en la primera imagen o la está botando/rebotando? ¿Está triste o concentrada?

¿Qué está sucediendo en la segunda imagen? ¿Está haciendo malabares con las pelotas o alguien dejó caer las pelotas desde una ventana sobre su cabeza?

¿Son estas pelotas, o la gente le arrojó globos de agua? ¡Deja volar la imaginación!

Pídele a tu niño aprendiz que elija crayones, lápices de colores o marcadores para colorear los siguientes objetos, luego pregúntales por qué seleccionaron los colores. Tal vez las elecciones de color tengan un significado más profundo.

Pídele a tu niño aprendiz que dibuje tres caras.

¿Tu niño aprendiz hizo imágenes diferentes? ¿Fueron las diferencias grandes o pequeñas?

Ejercicios Adicionales

1.	Utiliza tu teléfono móvil para grabar a tu niño aprendiz. Para niños más pequeños, intenta que hagan caras diferentes y emitan diferentes sonidos. Para niños mayores, intenta que finjan ser otra persona y actúen.

2.	Consigue una hoja en blanco y deja que tu niño aprendiz garabatee. Pídeles que expliquen su dibujo.

3.	Pídele a tu niño aprendiz que te ayude a preparar un menú para la cena que incluya alimentos de los diferentes grupos alimenticios. Luego, lleva a tu niño aprendiz al supermercado para comprar los ingredientes.

4.	Descarga una aplicación de teclado. Pídele a tu niño aprendiz que toque las teclas y haga música. Pregúntales si la canción era alegre o triste. ¿La canción tenía personas o animales? ¿La canción tenía letras?

5.	Mira un episodio del programa de televisión favorito de tu niño aprendiz. Pídele a tu niño aprendiz que te ayude a crear un episodio y hacer dibujos de lo que sucede.

6.	Si tu niño aprendiz es lo suficientemente mayor, permítele tomar fotos de algo al aire libre como un árbol o un animal. Luego lleva las fotos a una tienda y haz agrandar y enmarcar una de ellas.

7.	Haz una simulación de cabina fotográfica. Toma fotos con tu niño aprendiz usando sombreros locos, accesorios, e imprime la foto para que pueda ver la moda extravagante.

8.	Inventen una historia juntos. Tú dices las dos primeras frases, deja que tu niño aprendiz diga qué sucede después, luego se turnan para agregar a la historia hasta el final.

9.	Inventen una historia de "Elige tu Propia Aventura" para tu niño aprendiz en la que tu niño aprendiz elija diferentes caminos.

10.	Inventen una canción con tu niño aprendiz que use el nombre de tu niño aprendiz. Luego, inventen una canción usando tu nombre.

11.	Creen juntos un nuevo baile.

Autoevaluación – Tiempo para Reflexionar

¿Con qué frecuencia animo a mi niño aprendiz a ser creativo?

¿Siento miedo cuando se trata de bailar, cantar o cualquier habilidad en las artes creativas?

¿Quiero que mi hijo tenga alguna de mis inseguridades?

¿Soy bueno dibujando o pintando? ¿Cómo puedo exponer a mi niño aprendiz a estas habilidades más allá de los simples libros para colorear?

¿Tengo amigos creativos que podrían ser buenos mentores en áreas de las artes en las que no soy tan talentoso?

¿Me arriesgo en la moda y uso atuendos que destacan? ¿Mi niño aprendiz usa ropa que destaca o es expresiva?

¿Sigo una rutina particular todos los días? Aunque las rutinas y la consistencia son necesarias para mi niño aprendiz, ¿soy demasiado inflexible?

¿Estoy construyendo el cerebro creativo de mi niño aprendiz? ¿Necesito intensificar mis esfuerzos?

¿Necesito ayuda para desarrollar esta área del cerebro de mi niño aprendiz?

¡Construye una Mente que Crea!
¡Desarrolla el Cerebro Artístico de tu niño aprendiz!

Capítulo 6: El Cerebro Gerencial

Construye una Mente que Organiza

"Por cada minuto dedicado a la organización, se gana una hora."- Benjamin Franklin

Las palabras de Benjamin Franklin son tan ciertas. Cualquiera que haya pasado una hora buscando sus llaves o un teléfono móvil puede decirle lo fácil que habría sido poner el objeto en un lugar consistente o prestar atención al objeto. Un minuto de organización puede ahorrarte una hora o incluso horas de tiempo desperdiciado.

Hay algunas personas que tienen un superpoder llamado "organización". ¿Has notado que hay algunas personas que logran mantenerse organizadas con poco esfuerzo? Las toallas en sus hogares están perfectamente dobladas. Sus autos siempre están libres de desorden y sus atuendos siempre están libres de arrugas y limpios. No solo parecen organizados, sino que lo son. Siempre llegan a tiempo, si no antes, y logran mantenerse enfocados para cumplir con las cosas de su lista. Quizás tú seas uno de ellos. Tal vez fuiste uno de los niños en la escuela que mantenía un cuaderno organizado y la gente predecía que serías maestro. ¿O eres uno de aquellos que deben ser intencionales y poner un esfuerzo adicional en ser organizados? A menudo, la gente etiqueta erróneamente a las personas desorganizadas como individuos perezosos que carecen de enfoque cuando, en realidad, son personas que no han desarrollado el cerebro gerencial. Quizás sus padres no exigían una habitación limpia en casa o un cuaderno organizado en la escuela. Estar organizado, puntual, preparado e incluso tener la capacidad de realizar múltiples tareas puede colocar a tu niño aprendiz en una posición para tener éxito en cualquier área de la vida. Las habilidades organizativas son necesarias para la mayoría de las escuelas, carreras y actividades. "Actos Inteligentes" te ayudará a construir habilidades de pensamiento que mejorarán las habilidades organizativas de tu niño aprendiz.

Al construir el cerebro gerencial, es importante reforzar la atención al orden y ser disciplinado; sin embargo, los instructores y padres deben ser flexibles. Los niños han sido marcados por padres e instructores que permanecieron demasiado rígidos en cuanto a la limpieza y la estructura. Debe haber algún espacio para mejorar y aceptar diferentes estilos de gestión u organización sin sofocar la creatividad de un niño. Los niños en diferentes hogares a menudo encuentran dos expectativas diferentes de limpieza, estructura, disciplina y comportamiento. Algunos niños encuentran que el padre no custodio está tan feliz de recuperar el tiempo perdido con su hijo durante el fin de semana que varias reglas se relajan para perseguir el "objetivo superior" de reconectar. Algunos niños encuentran que el padre no custodio es aún más rígido. Debido a la falta de tiempo, a veces ven su habitación como una simple casa de muñecas o museo que debe mantenerse de manera tan prístina que la habitación no se sienta como hogar. No importa en qué circunstancias te encuentres con un niño aprendiz, tómate el tiempo para establecer expectativas, estructura y un estándar para la organización. El niño se adaptará a tus expectativas y estará equipado con habilidades significativas para toda la vida. Como se mencionó anteriormente, los niños suelen tener menos exposición y tienen mayores dificultades en la escuela.

Aquí tienes algunos ejemplos de habilidades organizativas competentes:

- habilidad para categorizar
- habilidad para contar, alfabetizar y secuenciar
- habilidad para autorregularse consistentemente
- atención al detalle
- habilidad para realizar múltiples tareas
- habilidad para enfocarse y luchar contra la tentación de desviarse social o emocionalmente
- habilidad para trabajar en equipo e incluso dirigir un equipo
- habilidad para escuchar y seguir instrucciones
- habilidad para comprender el tiempo y ser puntual
- habilidad para ver la organización y la gestión como parte de una aventura en lugar de ser una tarea o castigo

¿Qué No Pertenece?

¿Circula qué imagen no pertenece? ¿Por qué?

Secuencia Numérica

Ayuda a tu niño aprendiz a completar los números que faltan.

1 __ **2** __ **3** __ **4** __ **5** __

1 __ __ **3** __ **4** __ __

1 __ **2** __ __ __ **5** __

__ **3** __ __

__ __ __ __ __

Secuencia de Eventos

Por favor, recorta las imágenes de la página, mezcla el orden y pídele a tu niño aprendiz que ponga las imágenes en el orden de ocurrencia. Pídele a tu niño aprendiz que te cuente la historia, titulada "Diversión con Helados", de Hércules y su gato. Pregúntale qué pasó.

Orden Alfabético

Pídele a tu niño aprendiz que identifique qué palabras están en la columna incorrecta tachando las palabras que no comiencen con la letra de la columna.

En el Ejemplo 1, que ha sido completado para ti, la palabra Aguacate está correctamente ubicado en la Columna A, pero las otras palabras están incorrectas. Pídele a tu niño aprendiz que coloque las palabras en orden alfabético en la fila 'Orden Correcto'. Si tienen dificultades para escribir en el espacio pequeño, entonces déjalos identificar la palabra correcta para que la escribas en el espacio.

Posible Orden Incorrecto	Aguacate	Durazno	Baya	Coco
Orden Correcto	Aguacate	Baya	Coco	Durazno

Posible Orden Incorrecto	Águila	Delfín	Ballena	Cebra
Orden Correcto				

I-M-I-T-A-R

Esto es bastante similar al juego de baloncesto llamado CABALLO, pero sin una pelota. Pídele a tu niño aprendiz que preste atención a lo que estás a punto de hacer. Haz una actividad de dos pasos o tres pasos (dependiendo de su edad) que tu niño aprendiz tenga que repetir perfectamente y en orden. Por ejemplo, jálale suavemente la oreja, da golpecitos en tu estómago y haz un sonido divertido. Si tu niño aprendiz no hace lo que hiciste tú perfectamente y en el mismo orden, entonces tomas un crayón o un bolígrafo y tachas la "I" en su I-M-I-T-A-R. Se turnan hasta que tachen todas las letras de una persona. Esto ayuda a desarrollar la memoria, la concentración y la capacidad para seguir instrucciones.

PLAYER ONE	PLAYER TWO
~~I-M-I-T-A~~R	~~I-M-I-T-A-R~~

PLAYER ONE	PLAYER TWO
I-M-I-T-A-R	I-M-I-T-A-R
I-M-I-T-A-R	I-M-I-T-A-R
I-M-I-T-A-R	I-M-I-T-A-R
I-M-I-T-A-R	I-M-I-T-A-R
I-M-I-T-A-R	I-M-I-T-A-R
I-M-I-T-A-R	I-M-I-T-A-R
I-M-I-T-A-R	I-M-I-T-A-R
I-M-I-T-A-R	I-M-I-T-A-R
I-M-I-T-A-R	I-M-I-T-A-R
I-M-I-T-A-R	I-M-I-T-A-R
I-M-I-T-A-R	I-M-I-T-A-R
I-M-I-T-A-R	I-M-I-T-A-R
I-M-I-T-A-R	I-M-I-T-A-R
I-M-I-T-A-R	I-M-I-T-A-R
I-M-I-T-A-R	I-M-I-T-A-R

Ejercicios Adicionales

1.	Enséñale a tu niño aprendiz cómo doblar su ropa y qué cajón usar para artículos particulares.

2.	Usa un cronómetro para medir un ejercicio como cepillarse los dientes, hacer saltos, o lavarse las manos. Probablemente tengas una aplicación de cronómetro/temporizador en tu teléfono si no tienes un cronómetro. Muestre a tu niño aprendiz el tiempo que le toma realizar estas actividades para que aprecie el tiempo. También hay razones importantes de seguridad por las que tu niño aprendiz necesita tener una noción del tiempo. Los niños que no tienen sentido del tiempo a menudo se separan de los grupos y se pierden. Estos niños a menudo no pueden dar instrucciones en caso de una emergencia o una llamada al 911 a las personas que pueden ayudar. Imagínese a un oficial preguntándole a tu niño aprendiz sobre la descripción de un posible depredador o necesitando saber cuánto tiempo ha transcurrido desde que apareció un sospechoso abandonó el patio de recreo o en qué dirección. Algunos niños son demasiado pequeños para enseñar; Sin embargo, debes tratar de enseñarles lo antes posible a tener un concepto del tiempo, la distancia y otros detalles.

3.	Utiliza un cronómetro/temporizador para un viaje. Esto les ayudará a tener una idea de intervalos de tiempo más largos, como diez minutos, media hora, una hora, etc.

4.	Muéstrele a a tu niño aprendiz fotos de personas y pídele que describa las características físicas, la apariencia, la ropa, etc., de cada individuo. También es una habilidad de gestión importante porque ayuda al niño aprendiz a ser más consciente de los detalles de su entorno.

5.	Trabaje con tu niño aprendiz para montar las piezas de dominó. Muéstrele cómo deben colocarse las piezas de dominó y mantenga una distancia constante entre ellas. Para niños más pequeños, las piezas de dominó representan un peligro de asfixia. Deberías usar las piezas de dominó grandes, bloques o libros de tapa dura en lugar de fichas de dominó de tamaño estándar.

6.	Usa billetes falsos (no monedas) y ayuda a tu niño aprendiz a contar y a restar cantidades como si estuviera comprando juguetes y dulces. Incluso puedes permitirles usar billetes reales para hacer compras en tiendas y pedirles que aproximen el cambio. Por ejemplo, si tienes cinco billetes de un dólar y compras algo por dos dólares, puedes esperar recibir $3 de vuelta. Intenta que tu niño aprendiz comience lo antes posible a entender cómo administrar el dinero. El niño también puede hacer un seguimiento de los billetes colocados en una alcancía.

7.	Asigna una tarea a tu hijo. No importa lo pequeña que sea o lo tonta que pueda sonar. Tu hijo puede tomar las servilletas antes de la cena, colocar los platos (excepto los cuchillos afilados) en el lavavajillas, acariciar al perro cinco veces antes de acostarse, etc. El cerebro gerencial del niño aprendiz se desarrolla al tener una responsabilidad, recordarla y completarla correctamente. Para los educadores es muy importante asignar tareas a los niños aprendices en clase. Esto les da la oportunidad de tomar responsabilidad de su educación y de ser parte del equipo de aprendizaje.

8.　　　Permite que tu niño aprendiz clasifique el material para reciclar. Ayúdalos a entender que ciertos artículos pueden ser reutilizados mientras que otros deben ser desechados.

Autoevaluación – Tiempo para Reflexionar

Por favor, marca tu respuesta para cada pregunta a continuación.
Nunca (N) – Raramente (R) – A menudo (A)

¿Soy una persona organizada?   N / R / A

¿Soy una persona organizada cuando se trata de mi niño aprendiz?   N / R / A

¿Planeo actividades para mi niño aprendiz y cómo pasar nuestro tiempo juntos?
                                                                       N / R / A

¿Administro bien mi tiempo con mi niño aprendiz?   N / R / A

¿Le doy a mi niño aprendiz una lista de tareas?   N / R / A

¿Mantengo las cosas ordenadas y organizadas cuando estoy con mi niño aprendiz?
                                                                       N / R / A

¿Exijo que mi niño aprendiz ayude a organizar o limpiar?   N / R / A

¿Exijo que mi niño aprendiz organice o limpie sin mi ayuda?   N / R / A

¿Doy a mi niño aprendiz actividades que requieren que categorice cosas?
                                                                       N / R / A

¿Doy a mi niño aprendiz actividades que requieren que organice cosas?
                                                                       N / R / A

¿Doy a mi niño aprendiz instrucciones que debe seguir?   N / R / A

¿Doy a mi niño aprendiz la oportunidad de trabajar en equipo?   N / R / A

¿Doy a mi niño aprendiz la oportunidad de liderar a otros?   N / R / A

¿Trabajo con mi niño aprendiz en tareas como limpiar una habitación?
                                                                       N / R / A

¿Doy a mi niño aprendiz un marco de tiempo para completar las cosas?
                                                                       N / R / A

¿Estoy construyendo el cerebro de gerencial de mi niño aprendiz? ¿Necesito intensificar mis esfuerzos?

¿Necesito ayuda para construir el cerebro de gerencial de mi hijo?

Capítulo 7: El Cerebro Emocionalmente Inteligente

Construye una Mente que Siente y Percibe

"Hoy nos enfrentamos al hecho preeminente de que, si la civilización ha de sobrevivir, debemos cultivar la ciencia de las relaciones humanas: la capacidad de todas las personas, de todo tipo, para vivir y trabajar juntas, en el mismo mundo, en paz."– Franklin D. Roosevelt

¿Has notado que algunas personas son imanes humanos? Tienen el carisma que atrae a la gente para que sean sus seguidores o un corazón cálido que hace que las personas los busquen para pedirles consejo y orientación. No solo tienen la habilidad de leer y entender a los demás, sino que también tienen la capacidad de afectar las emociones de los demás. Tienen el poder de calmar a las personas o de enojarlas, dependiendo de si usan sus habilidades para el bien o para el mal.

Quizás tú seas uno de ellos. Tal vez fuiste el niño en la escuela al que otras personas se abrían y aún conservas ese don hasta el día de hoy. O tal vez seas una persona que tiene dificultades para controlar sus propias emociones, y mucho menos entender a otras personas. Quizás dediques tiempo extra intentando escuchar y entender a la gente. La inteligencia emocional no es simplemente un asunto del corazón o de ser una persona sociable. Esta es una habilidad real que debe ser desarrollada. "Actos Inteligentes" te ayudará a desarrollar habilidades de pensamiento que mejorarán la inteligencia emocional de tu niño aprendiz para mantenerse en sintonía con sus sentimientos y los de los demás.

Algunos padres están tan centrados en impulsar a sus hijos para que sean estudiantes brillantes, grandes atletas o músicos talentosos que olvidan la importancia de asegurarse de que sus hijos crezcan siendo personas emocionalmente saludables. ¿De qué sirve tener un estudiante que sobresale en tantas áreas pero carece de autoestima? ¿Qué estás realmente enseñando a un estudiante si lo ayudas a destacarse en matemáticas, pero ese niño tiene un corazón cruel y una mala actitud? Estamos en el Capítulo 7 de este libro, y probablemente estés cansado de los recordatorios repetitivos de que debes desarrollar el cerebro de un niño en todas las 12 áreas, pero seguiré recordándotelo durante otros cinco capítulos. Demasiados padres e instructores pasan por alto este punto y no educan al "niño completo", dejándonos así con adultos incompletos. Frederick Douglass dijo una vez que es más fácil "formar niños fuertes que reparar hombres rotos". No descuides la inteligencia emocional de tu niño aprendiz cuando enseñes. Alentar a un niño es tan importante como enseñarle. Un niño desanimado se convertirá en un adulto roto e incapaz de aprender. Construimos niños fuertes al mejorar su inteligencia emocional.

Aquí tienes ejemplos de habilidades de inteligencia emocional competentes:

- habilidad para controlar las emociones (enojo, excitación, celos, etc.)
- habilidad para hacer reír a la gente, hacer que se sientan tristes, hacer que se enojen, etc.
- habilidad para atraer a las personas y hacer que quieran estar cerca de ti
- habilidad para evitar grandes discusiones y peleas
- habilidad para tener conversaciones extensas en las que comprende a los demás y se siente comprendido
- habilidad para autorregularse
- habilidad para mediar entre dos personas que tienen problemas de comunicación
- habilidad para trabajar en equipo e incluso liderar un equipo
- habilidad para dar y recibir críticas
- habilidad para dar y recibir elogios y felicitaciones

Ejercicios

Leyendo Expresiones

Pídele a tu niño aprendiz que adivine qué están sintiendo los siguientes personajes en las imágenes de abajo. Pregúntale a tu niño aprendiz, ¿Cuál es tu respuesta?

Competencia de Miradas

Haz que tu niño aprendiz mire fijamente o que los niños aprendices compitan entre sí. Jugador 1 y Jugador 2 deben mirarse fijamente sin sonreír. Los jugadores no pueden tocarse ni lanzarse objetos. La primera persona en sonreír pierde. Los jugadores aprenden la importancia de controlar las emociones para ganar versus reírse en el momento divertido. También aprenden a intentar hacer que el oponente pierda el control y sonría.

Círculo de Ánimo

Reúne a un grupo de al menos tres personas, incluyendo a tu niño aprendiz y a otra persona. Pídeles a todos que digan algo agradable sobre otro miembro del círculo. Pueden identificar algo que admiren en el otro, hablar sobre un talento o decir algo para animar a la otra persona. Esto ayuda a tu niño aprendiz a comprender la importancia de elevar a los demás y también elimina la incomodidad de elogiar a otro. Debe advertir a su hijo que los elogios no son apropiados en todas las circunstancias. Es posible que algunas personas no puedan recibirlo, otras cuestionarán sus motivos y otras lo verán como una debilidad.

Preguntas

Hazle las siguientes preguntas generales a tu niño aprendiz sobre las emociones:

¿Qué te hace feliz?

¿Qué te entristece?

¿Qué te enoja?

¿Qué te asusta?

¿Qué te avergüenza/sorprende?

¿Cómo haces feliz a la gente?

¿Cómo entristeces a la gente?

¿Cómo enojas a la gente?

¿Cómo asustas a la gente?

¿Cómo avergüenzas/sorprendes a la gente?

Pregúntale a tu niño aprendiz las siguientes preguntas de confianza. Haz que tu niño aprendiz señale una letra para responder cada pregunta. Tú la circundarás por ellos.

Nunca (N) — Rarament (R) — A menudo (A)

¿Te gusta hacer nuevos amigos?	N / R / A
¿Eres tímido/a?	N / R / A
¿Te gusta jugar con otras personas?	N / R / A
¿Te gusta jugar solo/a?	N / R / A
¿Disfrutas jugar con otras personas más que jugar solo/a?	N / R / A
¿Sientes que sabes las respuestas cuando la gente te hace preguntas?	N / R / A
¿Eres tan bueno/a en las cosas como otros niños de tu edad?	N / R / A
¿Tienes tantos amigos como otros niños de tu edad?	N / R / A
¿Entiendes las cosas tanto como otros niños?	N / R / A
¿Puedes fingir llorar? ¿Finges llorar a veces para salirte con la tuya?	N / R / A
¿Puedes saber cuándo otras personas fingen llorar para salirse con la suya?	N / R / A
¿Está mal fingir llorar?	N / R / A
¿A veces finges reír cuando una broma no es graciosa?	N / R / A

Hazle a tu niño aprendiz preguntas más profundas sobre su inteligencia emocional. Complete el espacio en blanco con A, S o N.

Cuando estoy triste, _____ sé por qué.	N / R / A
Puedo _____ decir qué adultos son buenos siendo adultos.	
	N / R / A
Puedo _____ decir cuando alguien realmente me quiere.	N / R / A
Puedo _____ decir si a alguien no le gusto.	N / R / A
_____ yo lloro solo para ver si puedo salirme con la mía.	N / R / A
Soy gracioso/a _____ .	N / R / A
_____ yo finjo reír para que la gente me quiera.	N / R / A

Amabilidad

Desarrolla un sistema de puntos para recompensar a tu niño aprendiz por usar estas palabras:

- Discúlpame o perdóname
- Por favor
- Gracias
- De nada
- ¿Puedo?

Recompensa a tu niño aprendiz con "Dólares Inteligentes" que se encuentran en el Capítulo 15, u otro regalo cuando alcance cierta puntuación.

Ejercicios Adicionales

1. Si tu niño aprendiz tiene la edad suficiente, llévelo a un lugar que alimente a las personas sin hogar, para que pueda servir a los demás y aprender a tener empatía.

2. Lleva a tu niño aprendiz a un zoológico de mascotas, granja, refugio de animales o incluso a la casa de un amigo que tenga una mascota (si no tienes una). Permítele al niño la oportunidad de alimentar a un animal.

3. Haz que tu niño aprendiz realice una prueba de inteligencia emocional.

4. Haz que tu niño aprendiz escriba en un diario sobre sus emociones.

5. Mira un dibujo animado con tu niño aprendiz sin el volumen. Pídele a tu niño aprendiz que describa las emociones del personaje. Pregúntales por qué creen que un personaje está feliz, triste, enojado. ¿Notan expresiones faciales (ojos, labios, boca)? ¿Notan la posición del cuerpo, la tensión en el cuerpo, etc.?

6. Muestra a tu niño aprendiz un evento deportivo. Señala la reacción de un jugador ante jugadas buenas y malas, el estímulo hacia otros compañeros de equipo y la hostilidad hacia otros compañeros que cometen errores. Pregunta a tu niño aprendiz sobre cómo maneja el jugador la victoria o la derrota después del juego. ¿El jugador provoca a los oponentes o saluda a los oponentes de manera amigable? Identifica la gran deportividad.

¿Con qué frecuencia pierdo el control de mis emociones frente a mi niño aprendiz?

¿Con qué frecuencia le pregunto a mi niño aprendiz sobre sus emociones?

¿Con qué frecuencia elogio/felicito a mi niño aprendiz?

¿Cómo felicito a mi hijo/a?

¿Cómo muestro afecto a mi niño aprendiz: contacto físico (si es padre, tutor o pariente y es apropiado), regalos, recompensas, palabras de amor, etc.?

¿Cómo muestro decepción/desaprobación hacia mi niño aprendiz?

¿Mis padres/maestros me disciplinaron adecuadamente?

¿Mis padres/maestros me animaron adecuadamente?

¿Soy bueno para relacionarme con la gente y leerla?

¿Tengo las herramientas para desarrollar la inteligencia emocional de mi niño aprendiz o debo buscar ayuda?

¡Construye una Mente que Siente!
¡Desarrolla el Cerebro de Inteligencia Emocional de tu niño aprendiz!

Capítulo 8: El Cerebro Inquisitivo

Construye una Mente que Cuestiona

"El conocimiento es tener la respuesta correcta, la inteligencia es hacer la pregunta correcta."– Desconocido

¿Alguna vez has conocido a alguien que siempre hace la pregunta correcta? Hay ese momento después de que el jefe habla o un momento durante la clase en el que se abren las preguntas. Mientras la mitad de las personas no tienen ninguna pregunta y solo quieren irse y la mayoría de la mitad restante tienen preguntas pero tienen miedo de sonar estúpidos, estas personas formulan la pregunta perfecta que revela una respuesta muy necesaria. El orador queda expuesto como estando inadecuadamente preparado o se le impulsa a un nivel más alto para proporcionar la respuesta.

Quizás eres esa persona a quien naturalmente se le ocurren preguntas, y aun después de que alguien responde una pregunta, tienes otro listo en espera. Te frustras viendo entrevistas cuando el periodista no hace buenas preguntas o pierde la oportunidad de hacer la pregunta correcta durante un debate presidencial. O tal vez eres una persona que no es particularmente curiosa o que no necesita respuestas. Las preguntas siempre venían con pruebas y problemas. La gente no estaba dispuesta a responder tus preguntas o no te animaban a hacer preguntas, así que no eres inquisitivo. Crees que lo que ves suele ser lo que obtienes, y las preguntas a menudo no significan nada más que simple charla. La mente inquisitiva es una mente que alimenta su curiosidad. Al igual que los solucionadores de problemas que son adictos a los rompecabezas y y los atletas que experimentan euforia por la competencia, la persona inquisitiva encuentra satisfacción en obtener respuestas. La persona inquisitiva analiza la información proporcionada y encuentra lagunas (como el pensador crítico) y exige respuestas. ¡"Actos Inteligentes" te ayudará a desarrollar las habilidades de pensamiento inquisitivo en tu niño aprendiz!

El cerebro inquisitivo es muchas veces esencial para otros talentos cerebrales. Imagina a una atleta que constantemente se pregunta cómo puede mejorar su rendimiento. Imagina a un compositor que sigue sintiendo curiosidad por diferentes géneros de música.

Aquí tienes ejemplos de habilidades inquisitivas competentes:

- habilidad para percibir información adicional que no ha sido proporcionada
- determinación para buscar respuestas y confianza para exigir respuestas
- habilidad para comunicar adecuadamente la pregunta utilizando su vocabulario
- habilidad para comunicar la pregunta de forma escrita u oral
- habilidad con el tiempo para desarrollar inteligencia emocional y hacer preguntas con tacto
- mayor capacidad con el tiempo para discernir respuestas dentro de las respuestas evasivas
- mayor capacidad para interpretar respuestas emocionales con el tiempo
- aumento de la capacidad para ver problemas existentes y anticipar problemas futuros
- aumento de la capacidad con el tiempo para identificar solucionadores de problemas y personas con respuestas
- habilidad para sentir fascinación por hacer preguntas y responder preguntas, en lugar de ver los intercambios como una tarea o castigo

Ejercicios

Tipos de Preguntas
¿Quién? ¿Qué? ¿Cuándo? ¿Por qué? ¿Cómo? ¿Dónde?

1. Mira un programa de televisión con tu niño aprendiz y hazle las siguientes preguntas básicas:

   a. ¿Quién es el personaje principal del programa? (Usa los nombres de los personajes)

   b. ¿Qué hizo él/ella?

   c. ¿Cuándo sucedió todo esto?

   d. ¿Cómo respondieron los otros personajes al personaje principal?

   e. ¿Dónde sucedió esto?

   f. Pregúntale a tu niño aprendiz ¿Quién?¿Qué? ¿Cuando? ¿Por qué? ¿Cómo? ¿Dónde? Pregunta a tu alumno a lo largo del día.

Verdadero/Falso

1. Las preguntas Verdadero/Falso ayudan a tu niño aprendiz a identificar lo que es real y lo que no lo es.

   a. La mayoría de los perros solo tienen dos patas. Verdadero/Falso

   b. La mayoría de las personas tienen dos ojos.   Verdadero/Falso

   c. Algunas personas nacen con alas y pueden volar.

   Verdadero/Falso

   d. Los duraznos siempre son morados.   Verdadero/Falso

   e. Las hormigas son muy pequeñas.   Verdadero/Falso

   f. Las nubes están hechas de agua que se convierte en aire.

   Verdadero/Falso

   g. Las fresas siempre son blancas y nunca rojas.   Verdadero/Falso

   h. Los cerebros nos ayudan a pensar.   Verdadero/Falso

   i. Un panadero es alguien que hace galletas y pasteles.

   Verdadero/Falso

   j. A los peces les gusta conducir autos en el desierto.
   Verdadero/Falso

2. Pídale a tu niño aprendiz que cree una pregunta Verdadero/Falso.

Hecho/Opinión

1. Las preguntas de Hecho/Opinión ayudan a tu niño aprendiz a identificar cosas que son verdaderas versus cosas que son simplemente creencias personales.

a. Los perros son mejores mascotas que los gatos. Hecho/Opinión

b. Los gatos tienen bigotes. Hecho/Opinión

c. El rojo es más bonito que el rosa. Hecho/Opinión

d. Los leones corren más rápido que las tortugas. Hecho/Opinión

e. La pizza es mucho mejor que la lasaña. Hecho/Opinión

f. Se tarda más en ir caminando a la tienda que en ir en coche. Hecho/Opinión

g. El béisbol es aburrido. Hecho/Opinión

h. Los Dallas Cowboys son el peor equipo de fútbol. Hecho/Opinión

i. Los Orioles de Baltimore tienen un estadio en Baltimore. Hecho/Opinión

j. Las ardillas son animales lindos. Hecho/Opinión

2. Pídale a tu niño aprendiz que cree una pregunta de Hecho/Opinión.

Pregunta Abierta

1. Las preguntas abiertas permiten que una persona proporcione una amplia gama de respuestas.

a. ¿Cómo fue tu día?

b. ¿Qué hiciste hoy?

c. ¿Qué cosas te gustan hacer por diversión?

d. ¿En qué cosas eres bueno?

e. ¿En qué cosas te gustaría mejorar?

2. Pídale a tu niño aprendiz que invente algunas preguntas para hacerte a ti o a otra persona.

Preguntas Evaluativas

1. Estas preguntas requieren una respuesta que compare cosas.

   a. ¿Qué es más rápido, un coche o un avión?

   b. ¿Cuál es el mejor dibujo animado, y por qué?

   c. ¿Quién es el mejor superhéroe, y por qué?

   d. ¿Te lleva más tiempo cepillarte los dientes o almorzar?

   e. ¿Cuál de los tres cerditos vivía en la casa más fuerte? ¿El de paja, de palitos o de ladrillos?

   f. ¿Cuál es la peor cosa del mundo que un niño tiene que hacer?

2. Pídale a tu niño aprendiz que invente algunas preguntas para hacerte a ti o a otra persona.

Preguntas Especulativas/Divergentes

1. Estas preguntas requieren que tu niño aprendiz imagine algo o especule y luego proporcione una respuesta.

   a. Si tuvieras un dinosaurio como mascota, ¿qué harías con él?

   b. Si pudieras estar en cualquier dibujo animado, ¿en cuál entrarías, y por qué?

   c. Si los extraterrestres vinieran a este mundo, ¿tratarías de ser su amigo o te prepararías para luchar?

Entrevista

Se necesita confianza para hacer preguntas. Las preguntas también requieren que el interrogador desarrolle un objetivo. La persona que hace la pregunta debe tener un propósito en busca de respuestas. El ejercicio de la entrevista le da práctica a tu niño aprendiz en hacer preguntas en busca de un objetivo.

Primero entrevistarás a tu niño aprendiz. Pídele a tu niño aprendiz que finja ser una celebridad famosa o un personaje de dibujos animados. Puedes hacer hasta quince preguntas antes de hacer una suposición. Esto es similar al juego "20 Preguntas". Si tu niño aprendiz elige un personaje de dibujos animados, harás preguntas como "¿Es tu personaje un animal?", "¿Es tu personaje un superhéroe?", etc. antes de hacer una suposición. Enfatiza la importancia de hacer preguntas y usar un proceso de eliminación antes de hacer suposiciones descabelladas. Después de que demuestres cómo hacer preguntas, tu niño aprendiz te entrevistará a ti para descubrir quién eres.

Cristal Roto

Muestra a tu niño aprendiz la imagen de abajo. Hazle las siguientes preguntas a tu niño aprendiz:

¿Qué sienten las chicas? ¿Miedo? ¿Enojo?

Si una persona lo rompió, ¿qué siente ella?

Si una persona es inocente, ¿qué siente?

¿Qué siente el padre o la madre en la casa? ¿Enojo? ¿Decepción? ¿Confusión?

Pregúntale al niño aprendiz qué sentiría si fuera inocente y acusado. ¿Y si fuera culpable y contara una mentira?

¿Qué pensarías si fueras el adulto que encuentra vidrios rotos y ve esto?

Pídele al niño aprendiz que te diga qué haría y qué diría si fuera falsamente acusado. ¿Cómo intentaría hacer que la otra persona dijera la verdad o convencería al adulto de su inocencia?

Pregúntale al niño aprendiz qué haría si rompiera el cristal y contara una mentira, ¿cómo se disculparía?

Pregúntale a tu niño aprendiz qué preguntas haría a las chicas para llegar a la verdad.

Ejercicios Adicionales

1.   Filma o graba a tu niño aprendiz entrevistando a alguien.

2.   Mira una entrevista real, preferiblemente de un actor infantil, con tu niño aprendiz. Pregúntale a tu niño aprendiz qué preguntas habría hecho él/ella.

3.   Pide a tu niño aprendiz que invente tres preguntas para hacerle a su celebridad favorita. Envía las preguntas a través de las redes sociales en la página de fanáticos.

4.   Visita un refugio de animales, zoológico o granja y anima a tu niño aprendiz a hacer preguntas.

5.   Consigue un libro de acertijos. Lee los acertijos y trata de crear nuevos acertijos con tu niño aprendiz.

6.   Crea un chiste de "toc-toc".

"Si pudiera hacerlo de nuevo, haría más preguntas e interrumpiría menos respuestas."- Robert Brault

Autoevaluación: Tiempo para Reflexionar

¿Con qué frecuencia hago preguntas a mi niño aprendiz?

¿Mi niño aprendiz se siente libre de hacerme preguntas?

¿Alguna vez doy señales físicas de que no quiero que me molesten con preguntas (por ejemplo, suspiro, gruño, me quejo, etc.)?

¿Digo cosas como "Esa es una excelente pregunta" o doy algún indicador para fomentar las preguntas?

¿Me siento cómodo/a haciendo preguntas y pidiendo ayuda cuando es necesario?

¿Soy paciente cuando se trata de responder las preguntas de mi niño aprendiz?

¿Estoy desarrollando la mente inquisitiva de mi niño aprendiz? ¿Necesito mejorar?

¿Necesito ayuda para desarrollar la mente inquisitiva de mi niño aprendiz?

¡Desarrolla una Mente que Pregunta!
¡Desarrolla el Cerebro Inquisitivo de tu Niño aprendiz!

Capítulo 9: El Cerebro Crítico

Construye una Mente que Evalúe

*"Es señal de una mente educada poder considerar un
pensamiento sin necesidad de aceptarlo."– Aristóteles*

¿Alguna vez has notado que algunas personas siempre encuentran algo que
criticar? Les preguntas, "¿Qué te pareció la película?" y esperas su respuesta.
Incluso si fue la mejor película que hayan visto y se rieron durante toda la
función, aún así te dirían las cosas buenas y los defectos de la película. A menudo
parecen ser personas negativas cuando, en realidad, ven defectos y se sienten
obligados a ser honestos y decir la verdad. Una persona con un cerebro crítico
es un pensador independiente y no seguirá a la multitud. Incluso debatirá con
personas que están de acuerdo con ellos. Podrías estar en el mismo partido
político y tener el mismo candidato, pero aún así encontrarán un tema particular
donde ustedes dos tienen creencias diferentes. O quizás eres una persona que
ve más similitudes que diferencias o siente que no hay necesidad de comparar
o contrastar. Esto parece ser una carga o un ejercicio innecesario. Prefieres ver
el partido en lugar de escuchar los comentarios, o quieres saber qué hizo el
presidente en un día determinado en lugar de escuchar las diferentes opiniones
sobre si fue algo bueno o malo. Las personas con un cerebro de pensamiento
crítico alimentan constantemente su cerebro haciendo análisis tras análisis
y escuchando análisis tras análisis. Son aquellos que disfrutan escuchando
los comentarios, considerando diferentes puntos de vista y luego criticando a
otros críticos. Aunque a menudo se ve a los críticos como individuos negativos,
no habría innovación a menos que las personas identificaran los defectos en
las condiciones existentes y trabajaran hacia la mejora. "Actos Inteligentes"
te ayudará a desarrollar habilidades de pensamiento crítico y pensamiento
independiente en tu niño aprendiz.

Aquí tienes ejemplos de habilidades de pensamiento crítico competentes:

- capacidad para ver información adicional que no se ha proporcionado
- determinación para buscar respuestas y confianza para exigir respuestas

- capacidad para formular adecuadamente una pregunta con vocabulario
- habilidad para comunicar la pregunta por escrito o verbalmente
- capacidad con el tiempo para desarrollar inteligencia emocional y hacer preguntas con tacto
- aumento de la habilidad con el tiempo para leer respuestas en respuestas no explícitas
- aumento de la habilidad con el tiempo para leer respuestas en emociones
- aumento de la habilidad para ver problemas existentes y anticipar problemas futuros
- aumento de la habilidad con el tiempo para identificar solucionadores de problemas y personas con respuestas
- capacidad para ver problemas y desafíos como aventuras en lugar de ser tareas o castigos

Ejercicios

Relaciones

1.   **Más grande/Más pequeño** – Enséñele a tu niño aprendiz pidiéndole que elije dos objetos y explíquele que uno es más grande y el otro es más pequeño. Entonces, elige otros objetos y pregúntale cuál es más grande. Intenta lo mismo con más corto y más alto.

2.   **Encima/Debajo/Dentro/Junto a** – Enseña a tu niño aprendiz estas cuatro palabras y demuestra cómo un objeto puede estar encima de otro. Hazles preguntas para ver qué tan bien comprenden las palabras y las relaciones. Intenta lo mismo con "arriba" y "abajo".

3.   **Izquierda/Derecha/Centro** – Enseña a tu niño aprendiz estas relaciones.

4.   **Principio/Medio/Fin** – Enseña a tu niño aprendiz estas relaciones.

Muñeca Grande y Casita de Muñecas Pequeña

La mejor amiga de Rosalía le regaló una muñeca para su cumpleaños. Sus padres le regalaron una casita de muñecas para su cumpleaños. Resulta que la muñeca resultó ser mucho más grande que la casita de muñecas. Pregunta a tu niño aprendiz qué debería hacer Rosalía si quiere una muñeca que quepa en la casita de muñecas. Hay varias respuestas. Ella puede conseguir una muñeca más pequeña, una casita de muñecas más grande, puede intercambiar ambos y obtener nuevos juguetes por completo, etc. Haz que tu niño aprendiz ejercite habilidades de pensamiento crítico.

¿Cuál es Más?

¿Pida a tu niño aprendiz que encierre en un círculo el elemento que es más?
Dígales que encierren ambos en un círculo si son iguales.

COLUMNA A	COLUMNA B	COLUMNA A	COLUMNA B

El Choque

Por favor, leele el siguiente párrafo a tu niño aprendiz.

Javiera (a la izquierda) dijo que escuchó un fuerte choque antes de correr hacia la habitación, pero ella no rompió el plato. Cintia (a la derecha) dijo que escuchó un fuerte ladrido antes de escuchar el cristal romperse, pero ella no rompió el plato. Ambas chicas dicen que corrieron hacia la habitación y se vieron mutuamente, el vidrio roto y el perro, "Chispa".

Si ambas chicas están diciendo la verdad, ¿quién rompió el plato de vidrio?

Mejor Volador

Dile a tu niño aprendiz que Gómez dijo que las mariposas podían volar más rápido y más alto que los aviones reales. Y pregúntale si esto es cierto. Con suerte, tu niño aprendiz cuestionará quién es Gómez y estará en desacuerdo. Quieres informar gentilmente a tu niño aprendiz que Gómez está equivocado si no sabe la respuesta y explicar por qué algunas personas pueden equivocarse sobre las cosas.

Ejercicios Adicionales

1.   Vierte agua en dos tazas y hazle que el niño aprendiz compare cuál taza tiene más agua y cuál tiene menos. También pídale el niño aprendiz que compare qué taza tiene agua más caliente y cuál tiene agua más fría.

2.   Mira dos dibujos animados diferentes y pídale a tu niño aprendiz que describa por qué un dibujo animado fue mejor que el otro. Si necesitan ayuda, enumera criterios que van desde los mejores personajes, la mejor historia, la mejor música, menos aburrido, etc.

3.   Mira un pronóstico del tiempo con tu niño aprendiz. Preguntale a tu niño aprendiz cómo deberían vestirse según las predicciones. Haz una nota de cuándo se predicen cambios de temperatura, ya sea dentro del mismo día o dentro de la misma semana. Preguntale a tu niño aprendiz si sería buena idea llevar un cambio de ropa o cómo adaptarse al cambio pronosticado.

4.   Venda los ojos de tu niño aprendiz y realiza una prueba de sabor con varios productos alimenticios y jugos. Preguntale a tu niño aprendiz cuál producto sabe mejor y por qué. ¿Disfrutan del sabor? ¿Uno de los productos es más dulce? ¿Más salado? ¿Con sabor a chocolate? ¿A queso? ¿Más satisfactorio?

Autoevaluación – Tiempo para Reflexionar

¿Con qué frecuencia permito que mi niño aprendiz aplique habilidades de pensamiento crítico?

¿Doy al niño aprendiz la oportunidad de comparar o evaluar cosas?

¿Doy al niño aprendiz la oportunidad de expresar críticas?

¿Veo una forma productiva de expresar críticas?

¿Soy capaz de dar y recibir críticas de manera productiva?

¿Soy paciente al enseñar habilidades de pensamiento crítico a mi niño aprendiz?

¿Necesito ayuda para enseñar habilidades de pensamiento crítico a mi niño aprendiz?

¡Construye una Mente que Evalúa!

¡Desarrolla el Cerebro Crítico de tu Niño Aprendiz!

Capítulo 10: El Cerebro Diagnóstico

Construye una Mente que Resuelve Problemas

"No es que sea tan inteligente, es que permanezco más tiempo con los problemas."– Albert Einstein

¿Has notado que algunas personas son solucionadores de problemas naturales? Disfrutan de rompecabezas y desafíos que representan trabajo para otros. Quieren arreglar cosas rotas; mientras que cualquier otra persona compraría uno nuevo. Estas personas a menudo brindan consejos y están más interesadas en resolver el problema que en escuchar el estado emocional de la persona con el problema.

Quizás tú seas uno de ellos. Tal vez fuiste el niño que disfrutaba de los misterios y los programas de detectives. Intentabas resolver misterios mientras veías el programa en lugar de simplemente esperar a que se revelara la respuesta al final. O tal vez ves los problemas como obstáculos o tareas que no brindan alegría. Los solucionadores de problemas a menudo son vistos como cerebritos o simplemente personas dotadas cuando, en realidad, son personas que desarrollaron la capacidad de analizar y encontrar respuestas.

¡"Actos Inteligentes" te ayudará a desarrollar habilidades de pensamiento que mejorarán la capacidad de tu niño aprendiz para resolver problemas! En el último capítulo, abordamos las habilidades de pensamiento crítico. Hay habilidades de pensamiento crítico involucradas en la resolución de problemas. Hay muchas situaciones en las que tienes que comparar y contrastar diferentes elementos para obtener una solución. También hay situaciones en las que simplemente tienes que descubrir qué está mal, qué falta o qué necesita ser arreglado para tener una solución.

Aquí tienes algunos ejemplos de habilidades de resolución de problemas competentes:

- habilidad para escuchar y seguir instrucciones
- habilidad para concentrarse en el problema
- habilidad para descubrir los pasos que deben ser tomados
- habilidad para seguir los pasos en el orden correcto
- habilidad para verificar y asegurarse de que la respuesta sea correcta
- habilidad para autorregularse
- disposición para empezar de nuevo, intentarlo de nuevo y corregir cualquier error
- habilidad para trabajar en equipo e incluso liderar un equipo
- habilidad para ver la resolución de problemas como una aventura en lugar de verla como una tarea o castigo

Ejercicios

¿A Dónde se fue la Oruga?

Vicente es un niño de diez años que vive en Texas. Un día, Vicente vio una oruga verde en su patio delantero. Vicente le preguntó a la oruga si tenía un nombre. "Sí, mi nombre es Gabriel", respondió la oruga mientras comía parte de una hoja para el desayuno. Vicente y Gabriel se hicieron amigos ese día. Cada mañana, Vicente saludaba a la oruga diciendo: "Hola", mientras la oruga desayunaba. La oruga siempre respondía: "Hola, Vicente" e incluso permitía que Vicente la levantara a veces. A Gabriel le encantaba arrastrarse por la mano izquierda de Vicente. Una mañana, Vicente buscó a Gabriel la oruga, pero no pudo encontrarle. En lugar de una oruga, Vicente vio una mariposa sentada en su césped delantero. La mariposa voló hacia la mano izquierda de Vicente inmediatamente y gritó: "¡Hola, Vicente!"

Preguntale a tu niño aprendiz: "¿Qué crees que le pasó a la oruga?" Si tu niño aprendiz no sabe la respuesta, por favor explícale cómo una oruga se convierte en una mariposa.

Conecta los Puntos

Cajas de Regalo

Cris tiene cinco cajas. Tres cajas son verdes y dos son rojas. Por favor, colorea las cajas correctamente.

Pelotas

Jencarlos tiene cuatro pelotas. Una es roja. Una es naranja y el resto son amarillas. Colorea las pelotas correctamente.

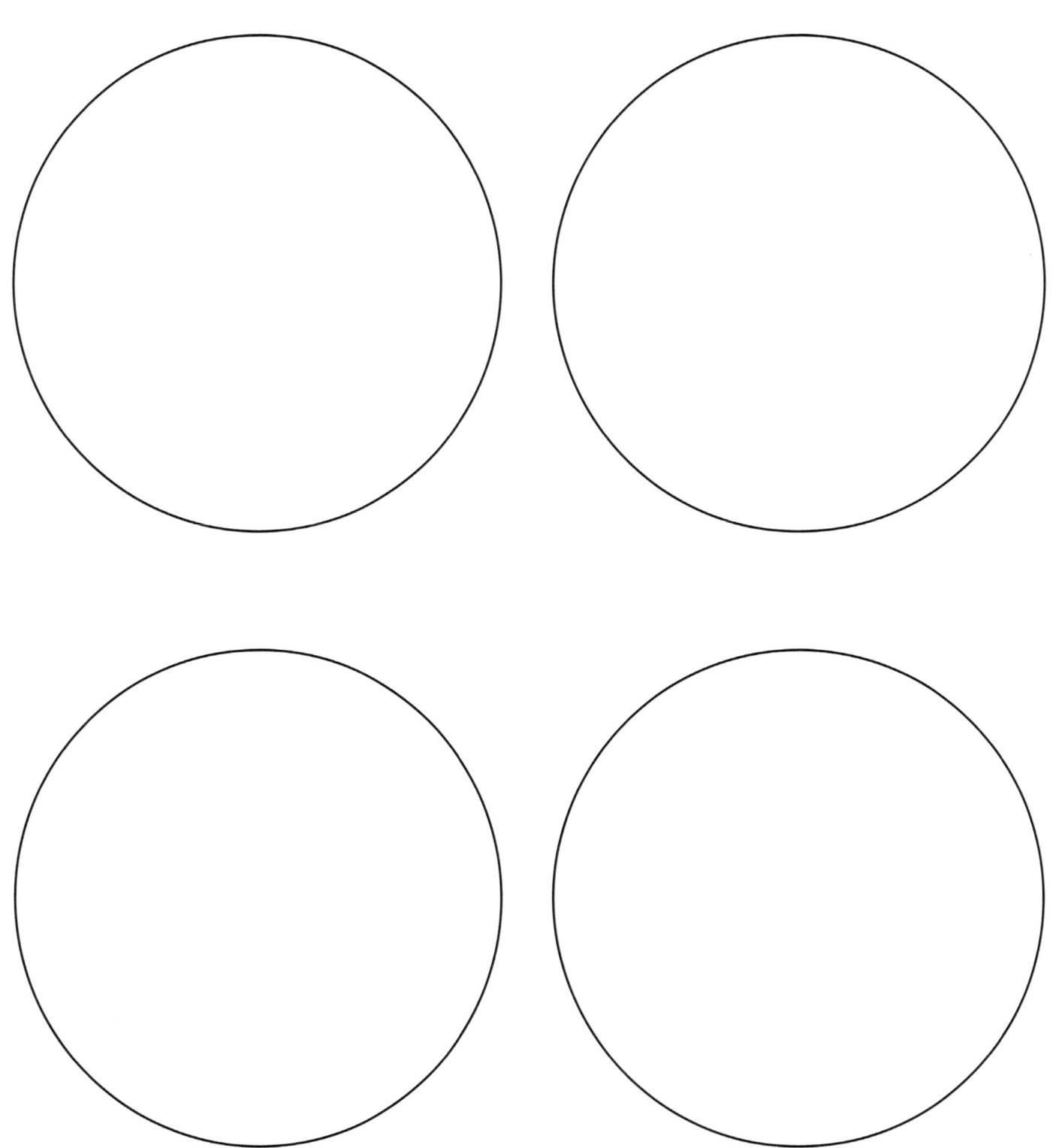

Contando Manzanas

¿Cuántas manzanas hay en cada caja? Escribe el número encima de la caja.

Adición

 = _____

 +   = _____

 +  = _____

 +  = _____

 +  = _____

108

Tarta de Manzana

Evelina, Ana y Jorge cada uno tenían una tarta de manzana entera. Al final del día,

Evelina tenía  1 pedazo de tarta de manzana sobrante.

Ana tenía  4 pedazos de tarta de manzana sobrantes.

Jorge tenía 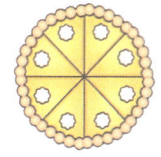 8 pedazos de tarta de manzana sobrantes.

¿A quién le quedó más tarta de manzana?

A) Evelina   B) Ana   C) Jorge

¿Quién comió más tarta?

A) Evelina   B) Ana   C) Jorge

Ejercicios Adicionales

1.   Repasa una tabla de sumar con tu niño aprendiz. Comienza con 1+1 y continúa hasta llegar a 10+10.

2.   Desenchufa un artículo eléctrico (que no sea peligroso), como un despertador, y pide a tu niño aprendiz que te ayude a descubrir por qué el artículo no está funcionando.

3.   Tome un vaso de poliestireno y colóquelo en una bañera o lavabo. Muéstrele a tu niño aprendiz cómo la taza tiene la capacidad de flotar. Haga un agujero en la taza y explique por qué la taza ya no tiene la capacidad de flotar, ya que la taza contiene agua donde antes contenía aire. Analice formas de reparar los agujeros, por ejemplo, goma de mascar, cinta adhesiva, papel de aluminio, etc., y evalúe qué reparaciones funcionan.

4.   Permite que tu niño aprendiz se suba a una balanza de peso. Tome el peso de tu niño aprendiz. Haz que tu niño aprendiz lleve cosas en sus manos o en sus bolsillos para aumentar su peso. Calcule el peso del artículo por separado para mostrar que un peso de cinco libras puede aumentar su peso en la misma cantidad.

5.   Cuenta los azulejos del techo, del suelo o de cualquier tipo con tu niño aprendiz. Acostúmbralo a contar cosas cotidianas para practicar. Asegúrate de hacerlo de manera segura. *Por ejemplo, no cuente los cuadrados de acera hasta el punto de no ver ciclistas ni automóviles.*

6.   Compra crucigramas, adivinanzas, libros de chistes o acertijos, etc., para estimular el cerebro de tu niño aprendiz en la resolución de problemas.

Autoevaluación – Tiempo para Reflexionar

¿Con qué frecuencia resuelvo problemas de matemáticas con mi niño aprendiz?

¿Tengo crucigramas, sopas de letras, acertijos, rompecabezas o chistes en mi hogar?

¿Poseo las habilidades y la paciencia necesarias para enseñar matemáticas y resolución de problemas a mi niño aprendiz?

¿Necesito apoyo para ayudar a desarrollar el cerebro resolutivo de mi niño aprendiz?

¡Construye una Mente que Resuelva Problemas!
¡Desarrolla el Cerebro Diagnóstico de tu Niño Aprendiz!

Capítulo 11: El Cerebro Innovador

Construye una Mente que Inventa

"La innovación distingue entre un líder y un seguidor." – Steve Jobs

No basta con querer el cambio, debe haber voluntad de cambiar y de pensar diferente. ¿Has notado que algunas personas parecen inventar cosas con facilidad? No solo tienen un cerebro diagnóstico para resolver problemas, sino que realmente inventan cosas. En lugar de usar una computadora de una manera, la adaptan para realizar una función diferente. Personalizan sus autos no solo por diseño, sino para que funcionen de manera diferente. Algunos tipos innovadores inventan y crean cosas porque no están satisfechos con un producto o equipo existente. Quizás seas el tipo de persona que encuentra más placer en desarmar un producto y reconstruirlo de una manera mejor. O tal vez seas el tipo de persona que no tiene interés en añadir nuevos productos o tecnología al mundo. Los ingenieros e inventores del mundo desarrollaron su mente innovadora y sed de cambio a través de tácticas de construcción cerebral intencionales. "Actos Inteligentes" te ayudará a desarrollar habilidades de pensamiento que mejorarán la capacidad de tu niño aprendiz no solo para resolver problemas, sino para resolverlos con innovación práctica.

Aquí tienes algunos ejemplos de habilidades de innovación competentes:

- habilidad para imaginar
- habilidad para resolver problemas y crear
- habilidad para autorregularse de manera consistente
- atención al detalle
- habilidad para seguir pasos repetidamente
- habilidad para concentrarse y resistir la tentación de divagar social o emocionalmente
- habilidad para aprender de los errores y disposición para seguir intentando

- habilidad para trabajar en equipo e incluso liderar un equipo
- habilidad para escuchar y seguir instrucciones
- habilidad para trabajar con las manos
- habilidad para ver la invención como una aventura en lugar de como una tarea

Ejercicios

La Invención de la Rueda

Pregunta a tu niño aprendiz,

¿Cuál coche es el más rápido?

Después de que proporcionen una respuesta, explica la física detrás de las ruedas y por qué los círculos son la forma preferida. Si tienes bloques en estas formas, rueda los bloques para demostrar por qué los círculos funcionan mejor para las ruedas. También puedes usar un rollo de papel de cocina o incluso un coche de juguete.

Mi Robot

Pídele a tu niño aprendiz que pretenda que construyó un robot.

¿Qué tipo de poderes/habilidades tendría un robot?

¿Cómo un robot mejoraría el mundo o ayudaría a las personas?

Pídele a tu niño aprendiz que dibuje un robot en una hoja de papel.

Innovaciones con Bloques de Construcción

Pídele a tu niño aprendiz que construya algo con Legos™ u otros juguetes de bloques de construcción.

Sea lo que sea que construyan, tienes que construir exactamente lo mismo con los bloques del mismo color. Después, construirás algo que ellos tendrán que imitar. Esto ayuda al niño aprendiz a desarrollar creatividad, innovación, enfoque y la habilidad para seguir instrucciones con precisión.

Ejercicios Adicionales

1.   Compra Legos™ u otros juguetes de bloques de construcción para alimentar la mente innovadora de tu niño aprendiz. También hay conjuntos que introducen a tu niño aprendiz en la robótica.

2.   Explora juegos de computadora que tengan un modo de construcción que permita a tu niño aprendiz diseñar escenas y crear personajes.

3.   Ve a una tienda de pasatiempos local o busque en línea materiales de madera para autos de carreras. Mientras construyes y diseñas el pequeño auto de carreras de madera juntos, pueden explorar el diseño (forma, grosor, peso, etc.) que hacen que un auto vaya más rápido o más lento. Ten cuidado con las piezas pequeñas alrededor de tu niño aprendiz.

4.   Juega con arcilla o Play-Doh™ para crear diferentes inventos.

5.   Mira un programa de naturaleza con tu niño aprendiz. Señala cómo ciertos animales se adaptan al entorno para sobrevivir. No mires algo violento o traumático. Deja que la discusión sobre cómo los animales se adaptan conduzca a una conversación sobre cómo las personas se adaptan.

6.   Mira un documental sobre inventores e invenciones. Dependiendo de la edad de tu niño aprendiz, es posible que desees mostrar un breve fragmento que esté en Internet. Incluso puedes centrarte en los niños inventores.

7.   Haga una excursión con tu niño aprendiz a un museo, fábrica, almacén, planta de producción de automóviles, exposición de autos, etc., donde puedan ver innovación.

8.   Cuéntale a tu niño aprendiz cómo solías hacer algo "a la antigua" y cómo la gente hace las cosas "de la nueva manera" ahora. Discute las diferencias. Por ejemplo, es posible que hayas crecido sin lavavajillas, microondas, internet, teléfono móvil, etc.

Autoevaluación – Tiempo para Reflexionar

¿Con qué frecuencia me maravillo con la innovación?

¿Con qué frecuencia discuto sobre inventos y tecnología con mi niño aprendiz?

¿Qué juguetes, juegos, libros, actividades, etc., tengo disponibles para enseñar a mi niño aprendiz a ser innovador?

¿Hablo de la ciencia detrás de la tecnología?

¿Hablo de formas "más fáciles" y "mejores" de hacer las cosas?

¿Me siento preparado/a para hablar sobre innovación con mi niño aprendiz?

¿Me considero una persona tecnológica o hábil con la computadora?

¿Necesito ayuda para desarrollar esta área en el cerebro de mi niño aprendiz?

¡Construye una Mente que Inventa!
¡Desarrolla el Cerebro Innovador de tu Niño Aprendiz!

Capítulo 12: El Cerebro Estratégico

Construye una Mente que Planifica

"Alejarse de la multitud. Haz tu propio pensamiento de manera independiente. Sé el jugador de ajedrez, no la pieza de ajedrez."– Ralph Charell

¿Alguna vez has notado que algunas personas prosperan con la competencia? En realidad, se sienten vivos al debatir un tema político o una creencia religiosa. Una persona estratégica rápidamente elabora un plan para ganar en situaciones que a otros les lleva un poco más de tiempo. Cuando eran niños, eran buenos en los juegos y a menudo permanecían más interesados en el camino hacia a la victoria o a la derrota que en el tiempo real que pasaban jugando con otros niños. Tal vez seas una de esas personas y después de cualquier competencia, te enfocas más en cómo ocurrió la victoria que en los individuos que jugaron. O tal vez seas el tipo de persona que no disfruta de ninguna competencia. En tu mente, la competencia saca lo peor de las personas y es solo una fuente de conflicto. Las personas estratégicas del mundo constantemente construyen su cerebro estudiando técnicas y tácticas que llevan a la victoria y a la derrota. "Actos Inteligentes" te ayudará a desarrollar habilidades de pensamiento que mejorarán la capacidad de tu niño aprendiz para elaborar estrategias para vencer la competencia y superar desafíos.

Aquí tienes algunos ejemplos de habilidades estratégicas competentes:

- habilidad para planificar y trazar
- habilidad para resolver problemas y crear
- habilidad para autorregularse consistentemente
- habilidad para concentrarse y prestar atención a los detalles
- habilidad para seguir pasos repetidamente
- habilidad para retrasar la gratificación y ver el panorama más amplio

· habilidad para aprender de los errores y disposición para seguir intentándolo

· habilidad para trabajar en equipo e incluso liderar un equipo

· habilidad para escuchar y seguir instrucciones

· habilidad para trabajar con las manos

· habilidad para ver las actividades estratégicas como una aventura en lugar de como una tarea

Ejercicios

Tic-Tac-Toe o Tres en Línea (también conocido como "Cruces y Círculos")

Para jugar Tic-Tac-Toe, un jugador es "X" y el otro es "O". Los jugadores se turnan para colocar su símbolo en un cuadrado vacío en la cuadrícula. El objetivo es lograr tres de tus símbolos en línea, ya sea horizontal, vertical o diagonalmente. Si todos los cuadrados están llenos sin un ganador, el juego termina en empate. Los jugadores idean estrategias para bloquear los movimientos de su oponente mientras intentan crear su propio patrón ganador.

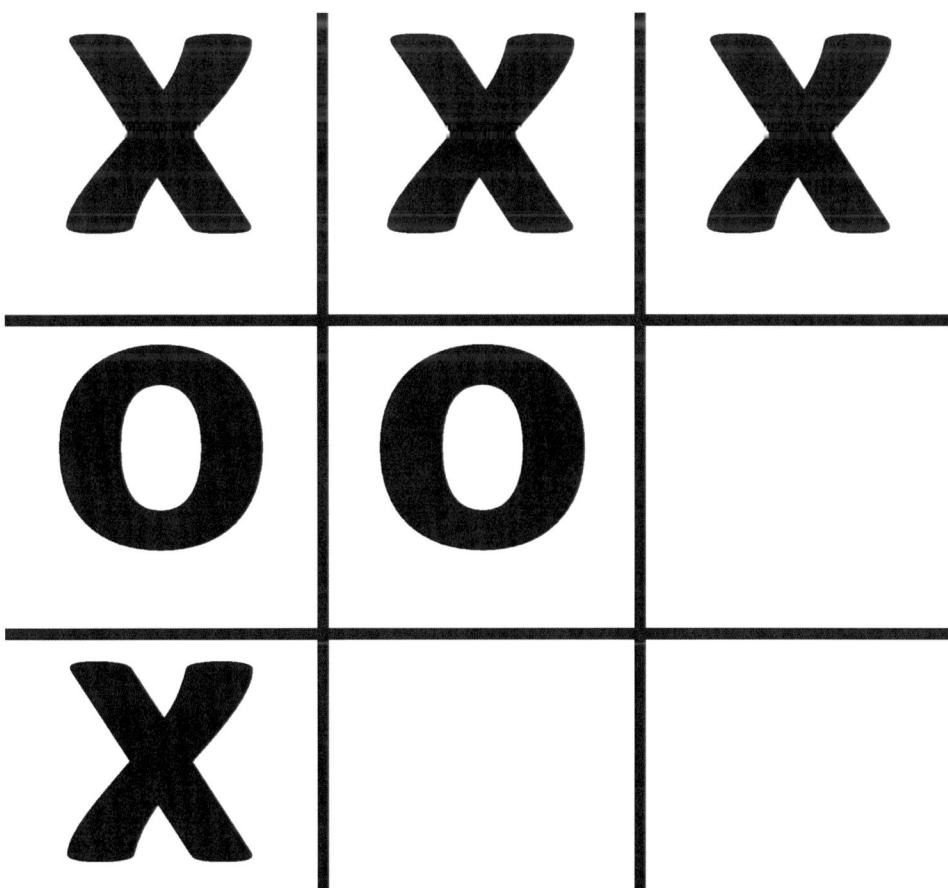

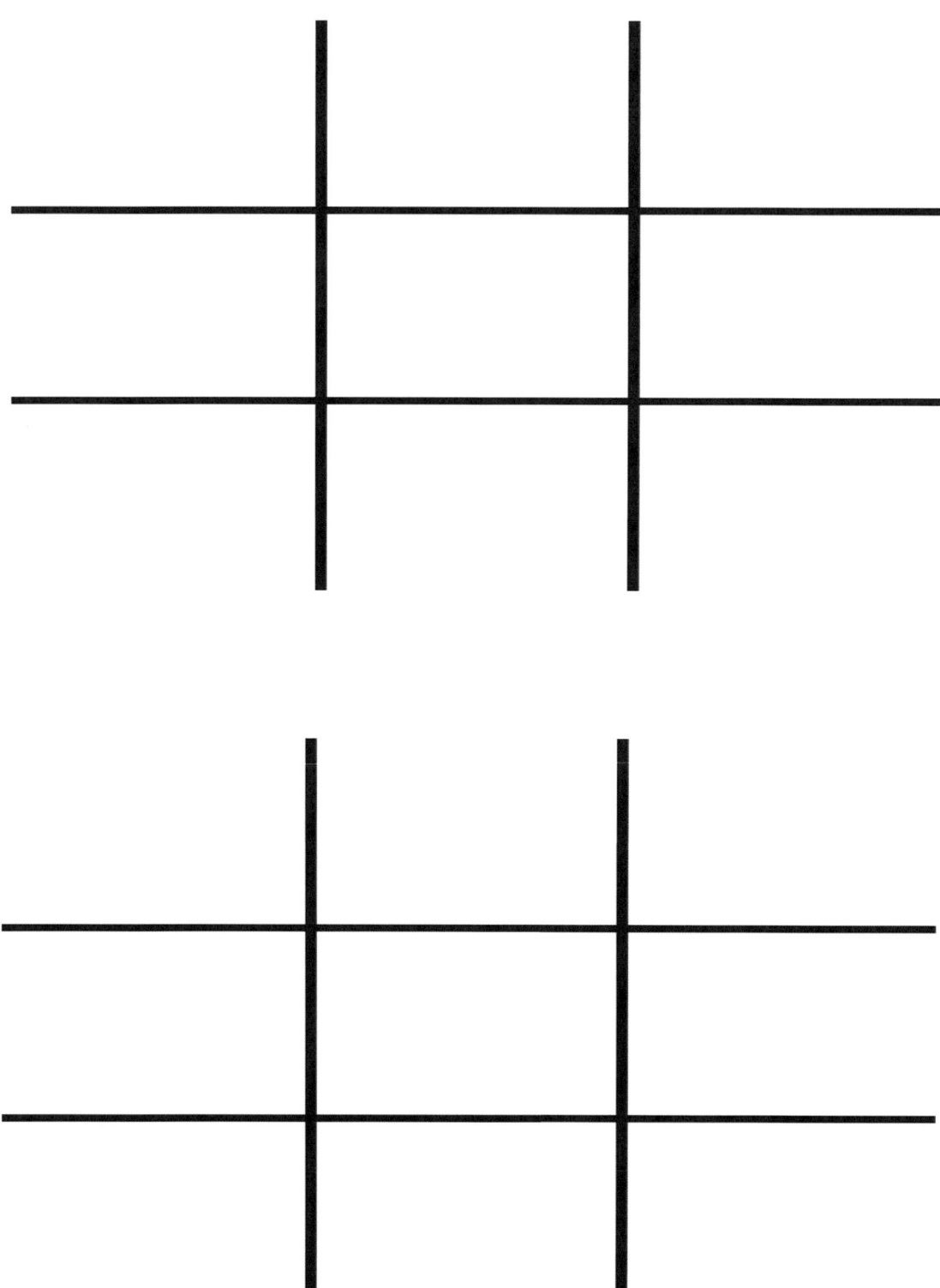

Cerditos en un Corral (también llamado "Puntos")

Al igual que el Tres en línea, este juego implica estrategia. El tablero está compuesto enteramente por puntos. Normalmente es un juego para dos jugadores, pero puedes añadir otros jugadores. Cada jugador toma un turno y conecta un par de puntos que están uno al lado del otro horizontal o verticalmente. No puedes saltarte puntos ni conectar puntos en diagonal. El objetivo es ser la persona que dibuja la cuarta línea y cierra un cuadrado. Una vez que cierras un cuadrado, colocas la letra de tu primer nombre para reclamar el cuadrado y obtener un punto. En el ejemplo a continuación, puedes ver que un jugador ya reclamó un cuadrado e insertó la letra H. La línea punteada representa al jugador que está a punto de jugar y el hecho de que está a punto de cerrar un cuadrado para obtener un punto.

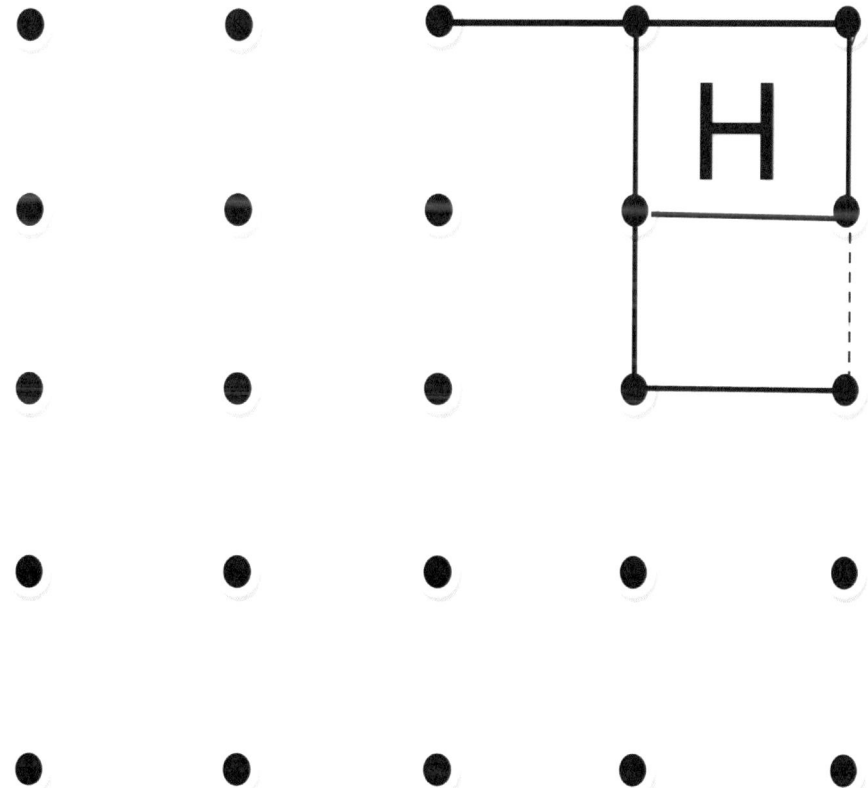

Hielo Delgado

Timoteo está sentado en hielo delgado que se está derritiendo. El agua es muy fría y aterradora. El Malvado Morsa no ayudará a Timoteo a menos que adivines su palabra secreta. Cada vez que adivines incorrectamente, él soplará aire caliente sobre el hielo. Después de siete conjeturas incorrectas, Timoteo estará en el agua fría. Si adivinas la palabra correctamente, entonces el Malvado Morsa llevará a Timoteo a una cabaña cálida donde podrá beber chocolate caliente. Este juego es similar al Ahorcado, pero sin las implicaciones violentas. Tacha una letra en Hielo Delgado por cada suposición incorrecta.

H i e l o   D e l g a d o
Quita una letra después de cada suposición incorrecta.

___ ___ ___ ___ ___

Aa	Bb	Cc	Dd
Ee	Ff	Gg	Hh
Ii	Jj	Kk	Ll
Mm	Nn	Ññ	Oo
Pp	Qq	Rr	Ss
Tt	Uu	Vv	Ww
Xx	Yy	Zz	/

Tacha las letras adivinadas incorrectamente con un "/"

Ejercicios Adicionales

1.   Juega a las damas con tu niño aprendiz. Usa piezas de mayor tamaño para evitar riesgos de asfixia.

2.   Prueba lanzar almohadas con tu niño aprendiz para ver quién puede lanzar una almohada más cerca de la pared sin golpearla.

3.   Bolos en la escalera: alinea figuras de acción o muñecas que puedan mantenerse de pie en los tres primeros escalones de una escalera. Turnándose con tu niño aprendiz, rueda una pelota por las escaleras. Quien derribe una figura de acción/muñeca cuenta el juguete como un punto. El niño aprendiz eventualmente se da cuenta de que obtiene puntos tanto si la pelota golpea los juguetes como si los juguetes en los niveles superiores caen sobre los juguetes de abajo, y desarrolla una estrategia para obtener múltiples puntos por turno. Si no tienes una escalera, entonces prueba esta forma de bolos en una superficie plana.

4.   Mira videos en Internet de varios juegos en los que los entrenadores trazan diseños de juego o cómo un equipo prevaleció sobre otro equipo. Discute la estrategia con tu niño aprendiz.

"Cada batalla se gana antes de ser peleada." —
Sun Tzu, General Chino y Estratega Militar

Autoevaluación – Tiempo para Reflexionar

¿Me considero una persona con mentalidad estratégica? ¿Disfruto de actividades en las que me veo obligado/a a usar estrategia?

¿Disfruto viendo programas o juegos donde las personas utilizan estrategia?

¿Con qué frecuencia participo en juegos y actividades de estrategia con mi niño aprendiz?

¿Puedo pensar en cosas adicionales que puedo hacer con mi niño aprendiz para desarrollar El Cerebro Estratégico?

¿Necesito intensificar mis esfuerzos en esta área?

¿Necesito ayuda en esta área?

¿Quién puede ayudarme si la necesito?

¡Construye el Cerebro Estratégico!
¡Desarrolla una Mente que Planifica!

Capítulo 13: El Cerebro Atlético

Construye una Mente que Gana

"Es difícil vencer a una persona que nunca se rinde." – Babe Ruth

¿Alguna vez has notado que algunas personas parecen no estar vivas a menos que estén jugando un deporte o hablando sobre un deporte? En realidad, descifran un juego o partido como si estuvieran discutiendo una gran batalla militar histórica. No solo tienen una mente estratégica, sino una mente obsesionada con el deporte. La sociedad a menudo estigmatiza a los atletas con el estereotipo del "atleta tonto" a pesar de que tienen mentes brillantes en un desarrollo diferente. El atleta lleva su cuerpo más allá de los límites conocidos para la mayoría de las personas mientras logra controlar su cuerpo para realizar hazañas asombrosas de física en una competencia mientras se comunica con los compañeros de equipo. Tal vez fuiste un atleta talentoso en un deporte en particular.

Conoces el nivel de preparación mental y física que se requiere para competir y ejecutar un tiro, un placaje, un jonrón o un acabado con medalla de oro. O tal vez eres el tipo de persona que no puede entender la fascinación por los deportes y las competiciones deportivas. Los mejores atletas del mundo, la mayoría de las veces, tuvieron padres y mentores que construyeron sus mentes para el deporte durante los años formativos. "Actos Inteligentes" te ayudará a desarrollar habilidades de pensamiento, que mejorarán la capacidad de tu niño aprendiz para competir dentro y fuera del campo, la cancha de baloncesto, la pista, la piscina, el diamante de béisbol, el campo de fútbol y cualquier otro ámbito atlético.

Aquí tienes algunos ejemplos de habilidades atléticas competentes:

- habilidad para resolver problemas y crear oportunidades mientras se juega
- habilidad para autorregularse controlando el cuerpo, la pelota, el bate/palo/raqueta, etc., de manera consistente (gran memoria muscular)
- habilidad para concentrarse y prestar atención a los detalles

- habilidad para seguir pasos repetidamente
- habilidad para anticipar el juego, jugadas, trayectoria de la pelota, compañeros de equipo, etc.
- habilidad para aprender de los errores y disposición para seguir intentándolo
- habilidad para trabajar en equipo e incluso liderar un equipo
- habilidad para escuchar y seguir instrucciones
- habilidad para trabajar con manos, pies, cabeza, etc.
- habilidad para ver las actividades atléticas como una aventura en lugar de como una tarea

Ejercicios

IMITAR

Pídele a tu niño aprendiz que imite cada uno de tus movimientos. Esta vez no llevarás la cuenta de los puntos a menos que quieras tachar las letras de la palabra "Imitar". Para los más pequeños, simplemente puedes tocar tu mejilla y luego tocar tu cabeza. Para niños mayores, puedes hacer movimientos y giros más complicados.

Desafío de Roca Fundida

Coloque calcetines (o cualquier objeto plano que no se deslice) por el suelo (preferiblemente sobre un suelo alfombrado). Dile a tu niño aprendiz que el piso está cubierto de rocas fundidas calientes y que debe saltar por el piso sobre las rocas (calcetines) hacia el otro lado sin tocar la roca fundida.

Curso de Obstáculos en la Casa

Crea un curso de obstáculos en tu jardín o en la casa. Puedes usar objetos comunes del hogar como escobas y trapeadores para simular una viga de equilibrio o algo para saltar. Puedes configurar una estación donde tu niño aprendiz tenga que ponerse un abrigo viejo o un sombrero divertido y llevarlo a la siguiente estación. Puedes tener una estación con caminatas de cangrejo, , oso gatea (como un soldado) o incluso neumáticos. Hay infinitas posibilidades de lo que puedes agregar a tu curso de obstáculos. Incluso puedes grabar la carrera. También puedes invitar a otros niños aprendices a unirse a la diversión.

Ejercicios Adicionales

1.   Desafío de Saltos de Tijera. Averigua quién puede hacer más saltos de tijera.

2.   Desafío Extremo de Pelota. Amarra vasos a una cuerda y cuélgalos de una puerta o de una mesa. Tú y tu niño aprendiz tendrán que lanzar o rebotar pelotas de ping pong en los vasos.

3.   No faltan deportes y actividades para involucrar a tu niño aprendiz, como por ejemplo en natación, juego de etiqueta, escondite, fútbol, gimnasia, baloncesto, tenis, béisbol, sóftbol, dardos seguros, agujero de maíz, pesca, lanzamiento de herraduras, etc.

Autoevaluación – Tiempo para Reflexionar

¿Estoy físicamente en forma? ¿Disfruto de las actividades físicas?

¿Participo regularmente en actividades físicas?

¿Con qué frecuencia participo en actividades físicas con mi niño aprendiz?

¿Siento que las actividades son suficientes?

¿Creo que mi niño aprendiz está ganando coordinación atlética y física?

¿Considero que mi niño aprendiz tiene habilidades atléticas o físicas?

En caso afirmativo, ¿en qué actividades/deportes?

¿Necesito intensificar mis esfuerzos en esta área? ¿Necesito ayuda?

¡Construye una Mente que Gane!
¡Desarrolla el Cerebro Atlético!

Capítulo 14: Diario de Construcción del Cerebro

"Una mente fuerte está abierta a lo que no sabe; una mente débil solo está abierta a lo que sabe." – Ron W. Rathburn

Por favor, identifica áreas de crecimiento y áreas donde puede ser necesario crecer. Crea tantas copias de esta página como sea necesario para registrar las actividades para tu(s) niño(s) aprendiz(ces).

Diario de Construcción Cerebral

NOMBRE: _____

FECHA: _____/_____/_____

Hoy, amplié el conocimiento de mi niño aprendiz:

1) Cerebro Vocal: S/N

Actividad: _____

Duración: _____

2) Cerebro Literario: S/N

Actividad: _____

Duración: _____

3) Cerebro de Escritor: S/N

Actividad: _____

Duración: _____

4) Cerebro Artístico: S/N

Actividad: _____

Duración: _____

5) Cerebro Gerencial: S/N

Actividad: _____

Duración: _____

6) Cerebro Emocionalmente Inteligente: S/N

Actividad: _____

Duración: _____

7) Cerebro Inquisitivo: S/N

Actividad: _____

Duración: _____

8) Cerebro Crítico: S/N

Actividad: _____

Duración: _____

9) Cerebro Diagnóstico: S/N

Actividad: _____

Duración: _____

10) Cerebro Innovador: S/N

Actividad: _____

Duración: _____

11) Cerebro Estratégico: S/N

Actividad: _____

Duración: _____

12) Cerebro Atlético: S/N

Actividad: _____

Duración: _____

Comentarios: _____

_____

_____

Por favor, identifique las áreas de crecimiento y las áreas donde puede ser necesario el crecimiento.

Capítulo 15: Dólares Inteligentes

Existen diferentes corrientes de pensamiento respecto al aprendizaje incentivado. Algunos creen que el aprendizaje debería ser una recompensa en sí mismo. Los niños no merecen premios adicionales por hacer el trabajo que se supone que deben hacer en la escuela.

También existe otra corriente de pensamiento que se esfuerza por ofrecer a los estudiantes recompensas adicionales porque estas agregan diversión, emoción y también proporcionan un valor educativo adicional en sí mismas.

Como puedes darte cuenta, yo me inclino hacia la última corriente de pensamiento. Incluyo los Dólares Inteligentes como una moneda, pero tú determinas la tasa de cambio y lo que el niño aprendiz puede comprar.

Para padres y abuelos, los Dólares Inteligentes pueden ser canjeados por:

- comida: un snack favorito, una comida especial, un viaje a un restaurante favorito, un postre, etc.
- una actividad favorita: tiempo extra de televisión, tiempo extra de juego, un paseo a un parque de trampolines, etc.
- servicio: una historia adicional antes de dormir, una dispensa única de una tarea y un padre/tutor la hará por el niño aprendiz
- regalo: un artículo de ropa nuevo, un juego, un artículo deportivo, un nuevo libro, una tarjeta de regalo, una descarga de canción, etc.

Para educadores, los Dólares Inteligentes pueden ser canjeados por:

- comida: un snack favorito, una fiesta de pizza, un día de cupcakes una actividad favorita: tiempo extra de descanso/recreo, día de película, etc.
- regalo: un juguete de una bolsa de sorpresas o tienda escolar
- tratamiento preferencial: exención del tiempo de limpieza, líder de fila, rey/reina por un día con corona/diadema, mejor asiento para la hora del cuento, etc.

Capítulo 16: Glosario

1. **ADHD (sus siglas en inglés) – Trastorno por Déficit de Atención e Hiperactividad:** una condición de salud mental en la que una persona experimenta dificultades para concentrarse e hiperactividad.

2. **al nivel de grado:** estudiante que alcanza los hitos del estudiante promedio para su edad.

3. **alfabetización:** la capacidad de leer, escribir y entender un idioma.

4. **brecha de aprendizaje:** otro término para la brecha de logros.

5. **brecha de logros:** una medida por parte de un sistema escolar de la diferencia en el rendimiento académico entre estudiantes de diferentes medios económicos. Los estudios a menudo revelan que los estudiantes de familias más adineradas suelen estar mejor preparados para la escuela y reciben más apoyo en el hogar fuera de la escuela. Algunos argumentan que esto es una brecha de oportunidades, no una brecha de logros. También se llama "brecha de aprendizaje".

6. **brecha de oportunidad:** los niños de padres empobrecidos tienen menos recursos y oportunidades que los niños de padres adinerados. Los defensores argumentan que es inapropiado usar el término "brecha de logros" cuando los niños de bajos ingresos a menudo tienen menos oportunidades y recursos.

7. **conciencia fonémica:** la habilidad de enfocarse en los diferentes sonidos que componen una palabra.

8. **conciencia fonológica:** esta es una conciencia de las estructuras del habla que incluye fonética y conciencia fonémica.

9. **datos matemáticos:** ecuaciones matemáticas básicas que un niño debería aprender temprano. Por ejemplo, 1 + 1 = 2, 2 x 2 = 4, etc. La

capacidad del niño para sobresalir en matemáticas depende de dominar los datos matemáticos temprano.

10. **defensor/a del niño:** una persona que habla en nombre de un niño para mantenerlo seguro.

11. **descifrar:** la habilidad de relacionar letras con sonidos para descifrar una nueva palabra. Los educadores a menudo les dicen a los niños que "suelten la palabra". Esto es descifrar.

12. **desierto alimentario:** un lugar o vecindario donde las personas carecen de la capacidad para encontrar o comprar alimentos y la malnutrición es alta.

13. **deslizamiento de verano:** ver pérdida de aprendizaje.

14. **dislexia:** una discapacidad/trastorno del aprendizaje en el que una persona tiene dificultad para descifrar (asociar letras con sonidos). Algunas personas con dislexia incluso ven las letras de manera diferente.

15. **Educación Infantil Temprana:** La educación de un niño desde el nacimiento hasta los 8 años (tercer grado).

16. **elaboración:** el proceso de presentar pensamientos e ideas con más detalle. Una forma de desarrollar el cerebro de tu hijo/a es desafiarlo/a a elaborar después de que dé una respuesta o una explicación.

17. **entrenado/a para ir al baño:** la capacidad de un niño de usar un baño sin asistencia. La mayoría de las escuelas requieren que los niños estén entrenados para ir al baño para la admisión.

18. **estudiante de honor:** un estudiante que está por encima del nivel de grado.

19. **estudiante cinético:** un estudiante que aprende de actividades que implican movimiento.

20. **estudiante independiente:** un estudiante que lee y adquiere conocimientos sin ayuda.

21. **fluidez lectora:** la capacidad de leer sin esfuerzo, rápidamente y con precisión mientras se comprende lo leído.

22. **fonética:** la relación entre los sonidos y las letras.

23. **habilidades motoras orales:** la capacidad desarrollada para colocar la lengua correctamente para pronunciar palabras.

24. **Headstart (como en inglés) - Ventaja Inicial:** un programa diseñado para ayudar a los estudiantes de preescolar a estar listos para la escuela.

25. **IEP (por sus siglas en inglés) - Plan de Educación Individualizado:** un plan escrito proporcionado para estudiantes con necesidades especiales para cumplir con metas específicas.

26. **inseguridad alimentaria:** la condición en la que las personas enfrentan malnutrición y tienen recursos limitados para obtener alimentos sin ayuda.

27. **lector competente:** un estudiante que lee al nivel de grado.

28. **lector deficiente:** un lector que está por debajo del nivel de grado.

29. **metacognición:** pensar en el propio pensamiento. Quieres que tu estudiante piense en sus emociones, sus buenas ideas, sus malas ideas y sus decisiones en general. Así como un fisicoculturista piensa en su cuerpo y su desarrollo, un pensador debería pensar en su mente y sus pensamientos.

30. **opinión:** creencia personal, interpretación, punto de vista o conclusión. Esto no es un hecho.

31. **palabras de alta frecuencia:** palabras que se usan con frecuencia y que los niños deben conocer para desarrollar la habilidad de leer y escribir de manera efectiva.

32. **palabras de vista:** son palabras tan básicas que los maestros no esperan que un niño las descifre; de hecho, los maestros esperan que un niño conozca la palabra de memoria y por vista. Por ejemplo, el, es, así, ser, etc.

33. **patólogo/terapeuta del habla:** una persona que ayuda a un individuo a pronunciar palabras correctamente mediante ejercicios que implican la colocación de la lengua, la respiración y la articulación.

34. **pérdida de aprendizaje:** la cantidad de información que los estudiantes pierden durante los meses de verano. Los padres más adinerados tienden a reducir la pérdida de aprendizaje manteniendo a sus hijos comprometidos en campamentos y otros programas de verano para estimular el aprendizaje. Los padres/tutores menos adinerados aún pueden participar en programas de lectura de verano y otras actividades para desarrollar el cerebro de su estudiante.

35. **preguntas abiertas:** preguntas que no buscan una respuesta específica.

36. **preguntas de sí/no:** preguntas que requieren una simple respuesta afirmativa o negativa.

37. **preguntas de verdadero/falso:** preguntas que requieren que el niño aprendiz determine si algo es verdadero o no.

38. **resolución de problemas:** estudiar información/detalles para llegar a una respuesta o explicación.

39. **RFS (por sus siglas en inglés) – Listo para la Escuela:** El objetivo de todo padre, tutor y sistema escolar es asegurar que los niños estén listos para comenzar la escuela en el jardín de infantes. Un niño debería tener la capacidad de seguir instrucciones básicas, de permanecer quieto, de utilizar el baño por sí solo y de expresar su necesidad de ayuda y asistencia. Un niño debería tener alguna introducción al alfabeto, los números, los colores, las formas y palabras de vista básicas. Los sistemas escolares tienen la responsabilidad de asegurar que los estudiantes de comunidades menos adineradas y comunidades con necesidades especiales reciban recursos

preescolares adicionales para ayudar a los estudiantes a estar Listos para la Escuela. Ver Head Start.

40.   STEM (por sus siglas en inglés): se refiere a clases o campos laborales en Ciencia, Tecnología, Ingeniería y Matemáticas. Estos campos suelen estar subrepresentados debido al miedo, la falta de aprecio y la falta de exposición.

41.   superdotado/a y talentoso/a: estar por encima del nivel de grado en un área particular.

42.   terapia del habla: entrenamiento, asesoramiento y prácticas en las que una persona puede mejorar su habla y articulación.

43.   terapia ocupacional: un servicio donde un profesional entrena a un individuo para realizar actividades físicas que son necesarias. Por ejemplo, El terapeuta ocupacional enseñó al niño cómo sostener un lápiz.

44.   trastorno del aprendizaje: una discapacidad en la que una persona de "inteligencia normal" aún tiene dificultades para leer, escribir o procesar alguna otra tarea académica básica.

45.   vocabulario: el conjunto de palabras que una persona conoce.

Sobre el Autor

*"Hay dos tipos de estudiantes: **estudiantes proficientes y estudiantes que pueden llegar a ser proficientes.**"*
—*Evelyn English, Fundadora de Literacy Blooms*

Evelyn English ama a los niños. Ama a sus propios hijos. Como educadora amaba a los niños de otras personas. Amaba a los niños lo suficiente como para ser autora de "Regalo de Alfabetización", "Leer es Pensar: Herramientas Dinámicas para la Alfabetismo y el Desarrollo del Lenguaje" y "Actos Inteligentes". La Sra. English cree firmemente que todos los estudiantes tienen el potencial de ser proficientes cuando se les brinda la oportunidad y los recursos para tener éxito. Cuando los padres y educadores proporcionan la oportunidad y los recursos, la alfabetización florece.

La Sra. English ha enseñado lecciones de lectura, pensamiento, escritura, escucha y habla a estudiantes desde preescolar hasta la universidad en Estados Unidos y Europa. Es Especialista Certificada en Lectura y tiene una Maestría en Educación de la Universidad Nacional Louis en Evanston, Illinois.

Después de años de servicio en juntas escolares locales, estatales y nacionales, el Departamento de Educación del Estado de Maryland (MSDE, por sus siglas en inglés) seleccionó a la Sra. English para ayudar en el desarrollo de coaliciones con líderes de educación temprana en 24 condados de Maryland y la ciudad de Baltimore. MSDE empleó sus talentos y habilidades para editar y coescribir en inglés se llama **"The Early Childhood Family Engagement Framework: Maryland's Vision for Engaging Families for Young Children"** (el **Marco de Compromiso Familiar en la Primera Infancia: Visión de Maryland para Involucrar a las Familias de Niños Pequeños).** Ella colabora con MSDE para desarrollar e implementar educación equitativa. Como Especialista en Compromiso Familiar comprometida, la Sra. English ha dedicado su vida a ayudar a padres y familias para asegurar el éxito de sus hijos. Es miembro fundador de la Asociación Nacional de Compromiso Familiar, Escolar y Comunitario (NAFSCE, por sus siglas en inglés).

La Sra. English es Especialista Certificada en Lectura, tiene una Maestría en Educación de la Universidad Nacional Louis en Evanston, Illinois, y es Mentora de Alfabetización para la Asociación Nacional de Head Start (NHSA, por sus siglas en inglés).

Como fundadora de **Literacy Blooms**, en español se llama "Florece la Alfabetización", permanece decidida a ayudar a padres y familias a crear niños superdotados a través del juego y el aprendizaje.

www.ingramcontent.com/pod-product-compliance
Lightning Source LLC
Chambersburg PA
CBRC090838120626
46551CB00008B/691